R. P. AMET LIMBOUR

C. S. Sp., S. C. M.

LA CONGRÉGATION DU SAINT=ESPRIT

DEPUIS SA FONDATION

EN LA FÊTE DE LA PENTECOTE 1703

JUSQU'A LA FUSION AVEC LA

CONGRÉGATION DU S. CŒUR DE MARIE, LE 24 AOUT 1848

—— 2me MILLE ——

Société Saint=Augustin

DESCLÉE, DE BROUWER ET Cie

LILLE - PARIS

1909

LA CONGRÉGATION DU SAINT-ESPRIT

R. P. AMET LIMBOUR

C. S. Sp., S. C. M.

LA CONGRÉGATION
DU SAINT=ESPRIT

DEPUIS SA FONDATION

EN LA FÊTE DE LA PENTECOTE 1703

JUSQU'A LA FUSION AVEC LA

CONGRÉGATION DU S. CŒUR DE MARIE, LE 24 AOUT 1848

—— 2me MILLE ——

Société Saint=Augustin

DESCLÉE, DE BROUWER ET Cie

LILLE - PARIS

—

1909

LE P. POULLART DES, PLACES

PRÉCIS HISTORIQUE
SUR LA SOCIÉTÉ DU SAINT-ESPRIT

AVANT-PROPOS

Multa paucis

Une œuvre est fondée en 1703 par un jeune ecclésias-tique de Rennes, lorsqu'il est encore étudiant à Paris, et quatre ans avant qu'il soit ordonné prêtre. L'œuvre des « Pauvres Escholiers » naît dans le centre intellectuel le plus riche de la Capitale, au Collège Louis Le Grand. M. Claude-François Poullart des Places, qui l'a créée s'y consacre tout entier, la voit bénie de Dieu et gran-dissante, et meurt prématurément à peine âgé de 30 ans, alors que son œuvre n'en compte que six. Les quelques collaborateurs dévoués qu'il a su associer à sa sollicitude forment la Société du Saint-Esprit, et le groupe des étudiants constitue le Séminaire du Saint-Esprit. L'histoire de cette humble Société et de ce pauvre Séminaire est écrite ; et parce qu'elle embrasse l'histoire de toutes les Colonies de l'ancienne France, et aussi de la Nouvelle France qui travaille à reconquérir sa place légitime dans le monde, elle forme un véritable monu-ment d'au moins trente volumes grand in-octavo de cinq cents pages, riche des plus curieux documents, avec les témoignages les plus irrécusables, les lettres des missionnaires eux-mêmes et les archives du Ministère et de notre Congrégation. L'auteur, le Père Jérôme Schwindenhammer, y a consacré vingt ans d'une existence de véritable reclus, dans sa retraite de Chevilly, où il a rendu son âme à Dieu le 31 août 1899.

L'heure n'est pas à la publication de cet immense travail : moins encore l'est-elle à sa mise en l'oubli des manuscrits que l'on classe aux Archives.

Comme le sujet est peu connu et nous paraît digne de l'être beaucoup, nous avons songé à en extraire un précis que l'on s'est appliqué à résumer autant que l'a permis l'intérêt historique.

*
**

L'histoire de la Société et du Séminaire du Saint-Esprit présente deux phases dont les événements nous feront voir les caractères bien distincts. La première se déroule dans le cadre du XVIIIᵉ siècle, de 1703, la fondation, à 1792, date de la suppression violente des Congrégations. La seconde phase remplit la première partie du XIXᵉ siècle. C'est l'époque du rétablissement de la Société en 1805 par Bonaparte, qui la supprime quatre ans plus tard en 1809, puis par les décrets restaurateurs de 1816 et 1817, sous l'empire desquels elle se reconstitue, vit et travaille, lutte et se dévoue en France et dans les colonies, jusqu'à sa fusion avec la Congrégation du Saint Cœur de Marie en 1848, et au delà.

Là ne devrait pas s'arrêter notre travail. Nous

sentons bien qu'il faudrait ajouter à ce précis une troisième partie, qui prendrait la Congrégation ainsi renouvelée, et raconterait ses travaux dans les Missions d'Afrique, d'Amérique, des Colonies françaises, anglaises et portugaises jusqu'à nos jours.

Il serait aussi facile qu'intéressant de montrer ses progrès dans les pays anciens et dans les régions nouvellement explorées durant ce cours si fécond de la seconde partie du XIXe siècle. Mais pareil travail a déjà été effectué en partie dans l'ouvrage publié sous le titre « La France au dehors, ou les Missions françaises au XIXe siècle » auquel il nous sera bien permis de renvoyer le lecteur.

Nous tâcherons de renfermer en ce court aperçu beaucoup de faits, « multa paucis ». La Société du Saint-Esprit, qui fut toujours si restreinte en son personnel dirigeant comme aussi en ses moyens d'action, pouvait arborer cette devise qu'elle a merveilleusement réalisée : Multa paucis, Beaucoup avec peu.

PREMIÈRE PÉRIODE 1703-1792

CHAPITRE Ier.

MONSIEUR CLAUDE-FRANÇOIS POULLART DES PLACES

1. Le Fondateur. — 2. Son éducation, Sa vocation. — 3. Collège Louis
le Grand. — 4. Le P. Grignon (de Montfort). — 5. Les pauvres Étudiants.
— 6. A la rue des Cordiers. — 7. Ils sont 12 puis 72. — 8. Prêtrise
maladie et mort de M. des Places (1).

Le Fondateur de la Congrégation et du Séminaire du St-
Esprit fut M. Claude-François Poullart des Places, né à Ren-
nes, le 27 février 1679. Son père, messire François-Claude
Poullart des Places, était directeur de l'Hôtel des Monnaies;
son parrain, Claude Marbœuf, président du Parlement de
Bretagne.

« Voué au blanc » dès son jeune âge, Claude-François se
consacra à la Très Sainte Vierge d'une façon plus sponta-
née, lorsque, placé dès l'âge de huit ans au collège des
Jésuites de Rennes, il s'y lia d'une sainte amitié avec le
jeune Louis-Marie Grignon de la Bachèleraie (dit de Montfort), et travailla avec lui à établir parmi leurs condisciples
une association consacrée, sous la protection de Marie, à
leur commune persévérance dans la vertu, et au soulage-

1. Le lecteur qui désirerait de plus amples détails sur les origines
du Séminaire et de la Congrégation du Saint-Esprit, les trouvera
dans l'ouvrage en tous points si remarquable de notre confrère, le
R. P. Henri Le Floch, supérieur du Séminaire français à Rome :
CLAUDE-FRANÇOIS POULLART DES PLACES, fondateur du Séminaire et
de la Congrégation du Saint-Esprit (1679-1709). Paris, chez Lethiel-
leux, 22, rue Cassette.

ment des malades et des pauvres. Ces deux âmes apostoliques préludaient ainsi, dès leur tendre jeunesse, à cette union dans les œuvres qui ne devait se rompre qu'à la mort.

En 1696, le jeune des Places a 17 ans, lorsqu'il soutient à Rennes, avec le succès le plus éclatant, une thèse de philosophie dédiée au comte de Toulouse, et applaudie du Président et des Magistrats du Parlement, des Professeurs de l'Université et de l'élite de la société de Rennes et des environs.

Plans d'avenir.

Ses parents, qui rêvent déjà pour leur fils le plus brillant avenir dans le monde, lui ont choisi les maîtres les plus renommés pour le perfectionner dans l'art oratoire et dans la connaissance du Droit. Le père lui prépare un siège de Conseiller au Parlement de Bretagne ; la mère a déjà fait confectionner sa robe d'apparat; il la revêtit une fois pour lui faire plaisir, puis, en la déposant pour ne plus la reprendre, il déclara à ses parents que son choix le vouait à l'Eglise. L'un et l'autre étaient trop chrétiens pour s'opposer à sa vocation. En 1699, il se rend à Paris et entre au collège Louis le Grand.

Collegium Ludovici Magni.

En 1674, Louis XIV visite pour la seconde fois le superbe collège des Jésuites dit « Collège de Clermont », du nom du donateur, Guillaume du Prat, évêque de cette ville. Les splendides décorations du théâtre et le brillant succès du drame que l'on jouait pour la circonstance, arrachent à l'assemblée ce cri d'enthousiasme : « En vérité, tout ici est admirable ! » Le roi répondit : « Je le crois bien, c'est mon collège ». Dès le lendemain matin, on put lire au-dessus de la porte d'honneur, gravée en lettres d'or sur une table de marbre noir, cette nouvelle inscription : « *Collegium Ludovici Magni* ». Les faveurs du Monarque, tout en abritant le collège des foudres de l'Université, y attirèrent la première noblesse de France, les Conti, les Bouillon, les Guiche, les princes de Rohan-Chabaud et de Rohan-Soubise, les Luxembourg, les Villars, les Montmorency, les Grammont, les Richelieu, les Créqui, les d'Estrées. Aux bienveillances de Louis XIV s'ajoutèrent celles du Souverain Pontife. En 1693, Innocent XII envoyait au collège Louis le Grand le corps de saint Maximin, martyr de 15 ans. Ces saintes reliques furent accueillies aux acclamations triomphales de 3.000 élèves qui suivaient alors les cours de l'établissement. A Rome, le cardinal d'Estrées, en recevant du Pape ce don si précieux, prend occasion de faire l'éloge du collège en présence des cardinaux, et quel éloge : « Cette maison, dit-il, est l'école de la vertu. C'est là que la jeunesse du royaume et de toute l'Europe vient apprendre les devoirs de la piété. C'est la plus florissante, la plus nombreuse, la mieux réglée de toutes les académies du monde ». Le Saint-Père répondit qu'il croyait avoir été inspiré de Dieu en cette occasion.

C'est dans ce riche collège Louis le Grand que la Providence va placer le premier berceau de l'œuvre des « Pauvres Escoliers ».

Quand le jeune Poullart des Places fit son entrée au sein de ces splendeurs et prit rang parmi la brillante jeunesse qu'il y coudoyait, il fut bien éloigné de s'en laisser éblouir. Un travail assidu, des études approfondies, la piété qu'alimentent les sacrements et la dévotion à la Sainte Vierge, enfin la pratique de la charité chrétienne lui apparurent comme la meilleure préparation au saint état qu'il se proposait d'embrasser. La lecture de la Vie de Michel le Nobletz, célèbre missionnaire breton, que son ami Grignon lui avait communiquée, fit une impression profonde sur son esprit. Cet ami eût fort désiré l'entraîner avec lui dans la fondation qu'il méditait et réalisera plus tard, d'une Congrégation de saints prêtres voués à l'Apostolat. Il fit même, vers 1701, le voyage de Paris pour l'en presser davantage. Mais, après mûres réflexions et ferventes prières, M. des Places, qui, dès lors, avait déjà l'idée de son œuvre des Pauvres Ecoliers, et entrevoyait tout le bien qu'il pouvait réaliser par elle, résolut de s'y attacher tout entier, et répondit à M. de Montfort que le mieux était, à ses yeux, que chacun suivît la voie que l'Esprit-Saint semblait lui ouvrir, que, du reste, avec l'œuvre des Pauvres Ecoliers il pourrait fournir des missionnaires à la Congrégation projetée et à d'autres œuvres. Et c'est en effet ce qui est arrivé.

M. des Places recevait de son père une pension annuelle de 800 livres. Le jeune étudiant vise avant tout à la plus grande économie en ses dépenses, afin de pouvoir exercer la charité envers les malades et les pauvres. Il eut vite distingué, parmi ces derniers, des étudiants besogneux, exposés par suite de leur pénurie à cesser leurs études et à priver par là même l'Eglise des services qu'ils pourraient lui rendre un jour. C'est avec l'un d'eux qu'il commence par partager sa ration du collège. Puis il en vient deux, puis trois, puis quatre. Le Supérieur, qui s'en apercevait, fait doubler la ration. Mais il y eut bientôt douze convives supplémentaires. Il fut alors permis de s'adjuger une part dans les restes. Mais alors aussi, les *invités* demandèrent à se constituer en particulier, en une sorte de communauté. M. des Places s'y prête volontiers et loue un appartement dans le voisinage en la rue des Cordiers, d'où, peu après, le besoin de se développer conduit à un local plus vaste, rue Neuve-Sainte-Geneviève. On y demeure jusqu'en 1731.

C'est le 27 mai 1703, jour de la Pentecôte, que l'on célébra la première messe de Communauté. Le Père des Places voulait appeler son œuvre : « Séminaire de l'Immaculée Conception ». Le Père de Montfort pressait fort pour que l'on prît pour titulaire le Saint-Esprit. L'on se mit d'accord en unissant les deux vocables, et l'œuvre s'appela « Séminaire du Saint-Esprit, sous l'invocation de Marie Immaculée ».

Le pieux fondateur se consacra dès lors tout entier au travail d'organisation spirituelle et temporelle du séminaire. On suivrait les cours de Louis le Grand et la direction spirituelle des Pères Jésuites. On vivrait d'aumônes. Voici la règle : « On ne recevra dans cette maison que des sujets dont on connaisse la pauvreté, les mœurs et l'aptitude pour les sciences. On ne pourra, sous quelque prétexte que ce puisse être, y admettre des gens capables de payer ailleurs leur pension. On pourra cependant y recevoir quelques escoliers qui, n'étant pas tout à fait dans la grande pauvreté, n'ont pas pourtant de quoy s'entretenir ailleurs : il sera bon d'exiger quelque petite chose de ceux-cy pour les menus frais de la maison, afin qu'ils ne soient pas cause qu'on diminue le nombre des plus pauvres, qu'on doit recevoir par préférence (1) ».

1. Rapprochons de ce texte celui du Concile de Trente (Sess. 23, cap. 18, *de Reform.*) : Pauperum autem filios præcipuè, eligi vult, nec tamen ditiores excludit, modo suo sumptu alantur, et studium præ se ferant Deo et Ecclesiæ inserviandi.

C'est cette œuvre des « Pauvres Escoliers » que M. des Places eut, dès le principe, en vue, et, après les avoir établis en communauté, c'est pour eux qu'il s'appliqua à rédiger le règlement que l'on conserve pieusement encore aux archives du Saint-Esprit. Ce règlement retrace la vie et les occupations ordinaires de tous les séminaires, les cours, les exercices de piété, les examens et les retraites, enfin les fonctions à remplir par chacun dans la Communauté. *Règlement*

Dans toute la série des exercices spirituels, on nourrira la piété dans les âmes ; et en même temps une forte impulsion sera donnée aux études. Outre les examens qui précèdent les saints Ordres, il y aura deux examens généraux dans l'année, dans le double but de stimuler l'ardeur au travail, et de constater la capacité des sujets. « Le prêtre, disait M. des Places, doit réunir la science et la vertu à un degré notable. La piété seule ne lui donne qu'un zèle aveugle ; la science seule fera de lui le jouet de l'orgueil et la proie de l'hérésie ». L'hérésie de l'époque, ici visée, était le Jansénisme.

Le saint fondateur ne songe pas, dès l'abord, à sa Société. Mais, dès 1705, il se prépare, au sein même de ses premiers disciples, des auxiliaires qui se dévoueront à continuer l'œuvre commencée. «Tel Messire Vincent le Barbier, du diocèse de Rennes, que M. des Places s'associe en 1705 dans la conduite et gouvernement de la Communauté » (1). Tel Messire Jacques-Hyacinthe Garnier, de Rennes également, qui va être son successeur à la tête de l'œuvre. Tels Messires Pierre Caris, encore de Rennes, et Pierre Thomas, du diocèse de Coutances, qui, après avoir été, comme M. Garnier, étudiants au séminaire, en deviennent directeurs. *Les premiers Associés.*

M. des Places n'était pas encore dans les Ordres, lorsqu'il se dépensait ainsi à la fondation et à l'organisation de son œuvre. Il ne reçut les « quatre moindres », comme on disait alors, qu'au samedi des Quatre Temps de la Trinité, 6 juin 1705, et la prêtrise aux Quatre Temps de l'Avent, 17 décembre 1707, des mains de Mgr Henri de Thiard de Bissy, successeur de Bossuet sur le siège de Meaux. Ce prélat, qui *Les saints Ordres.*

1. Registre des Associés dressé en 1726 par M. Bouic.

devint cardinal en 1715 et mourut en 1737, fut toute sa vie le bienfaiteur du séminaire. Et c'est lui qui appela les Messieurs du Saint-Esprit à diriger le séminaire de Meaux (1737-1792). L'histoire nous le représente comme un Pontife de doctrine irréprochable, autant ami des Jésuites qu'il était adversaire des Jansénistes.

Organisation de l'Œuvre. — Après son ordination, M. des Places se consacra plus que jamais à l'organisation de son œuvre, à qui manquaient encore l'approbation canonique et l'autorisation légale. Il prépara la première par les démarches nécessaires auprès de l'archevêque de Paris, qui était alors le cardinal de Noailles. Tant qu'il ne s'agit que de l'œuvre des Pauvres Ecoliers, il suffisait d'une simple entente avec la bénédiction de l'Ordinaire. Ces encouragements ne firent pas défaut, puisque les sujets étaient admis aux saints Ordres, puis placés dans les postes humbles du diocèse de Paris et autres villes, tel M. Faulconnier, devenu plus tard curé de Saint-Hilaire-Saint-Mesmin. Il y avait donc acceptation, autorisation implicite de l'évêque en faveur de l'œuvre nouvelle, à laquelle, de plus, l'Assemblée du Clergé de France vota, dès 1823, un subside annuel.

L'Etat aussi reconnaissait l'œuvre, puisqu'elle comptait parmi ses premiers bienfaiteurs les personnes de la Cour, et Louis XIV lui-même. Quant aux autorisations canoniques et légales octroyées à la Congrégation du Saint-Esprit, M. des Places n'eut pas le temps de les lui assurer. La Providence réservait ce soin à son second successeur, M. Bouic.

Mort de M. Poullart des Places. — M. des Places demeura à peine deux ans avec ses disciples après son ordination. Des travaux et des soucis qui ne connurent guère de bornes, eurent bientôt consumé une nature chez qui la force et la santé ne répondaient pas au zèle qui l'emportait. M. des Places y succomba. Ce fut d'abord une grosse pleurésie que compliquèrent des fièvres persistantes. «Dès que l'on sut dans Paris la gravité de la maladie, tout ce qu'il y avait dans cette grande ville de personnes distinguées par leur piété y prirent le plus vif intérêt. Les visites se multiplièrent, comme on accourt au chevet d'un saint. Quant au malade, il n'avait dans le cœur et sur les lèvres que de saintes aspirations vers son Dieu.

Il reçut les derniers sacrements en pleine connaissance et mourut le 2 octobre 1709, à l'âge de 30 ans et 7 mois ».

On voit encore aujourd'hui, exposé au grand parloir du Séminaire des Colonies, un tableau peint à l'huile, qui représente M. des Places dans l'état où la mort l'avait laissé. En 1903, à l'occasion du 2ᵉ centenaire de la fondation de son œuvre, il a été tiré des photographies et des gravures fines que l'on a répandues dans le public. La pieuse image inspire au spectateur la pensée qu'il se trouve en présence « d'une noble et sainte victime de l'amour de Dieu et des âmes ».

CHAPITRE II.

MONSIEUR JACQUES HYACINTHE GARNIER

(Octobre 1709–Mars 1710)

L'œuvre de M. des Places, loin de périr avec lui, ne fit au contraire que grandir, sans doute par suite de la protection dont il la couvrait du haut du ciel. Il y avait, à la mort du fondateur, 72 élèves dans le séminaire, tous fort recommandables, au point que Louis XV a pu dire en toute vérité, seize ans plus tard, en 1726 : « Nous sommes informés que le Seigneur a tellement béni cette bonne œuvre, que, de tous ceux qui ont été élevés dans cette communauté, aucun n'a demandé ni fait solliciter pour lui aucune cure, et ne s'est démenti ni pour les mœurs ni pour la doctrine ».

M. Jacques-Hyacinthe Garnier, qui reçut des mains de M. des Places et de la confiance de ses confrères, la direction du séminaire, n'eut qu'à continuer le bien si heureusement commencé. Hélas! il ne tint cette charge que l'espace d'à peine 6 mois, puisqu'il mourut fin mars 1710. Mais il s'était préparé un successeur le plus capable en la personne d'un jeune diacre de Saint-Malo, qu'il reçut au séminaire deux mois après la mort de M. des Places : M. Louis Bouic. M. Garnier l'aura fait ordonner prêtre puis l'aura présenté à l'autorité diocésaine pour continuer l'œuvre de M. des Places.

CHAPITRE III.

M. LOUIS BOUIC (1710-1763)

Un nouveau supérieur, remarquable par ses capacités administratives, était appelé non seulement à développer l'œuvre, mais encore à lui donner son organisation définitive. Son fécond supériorat de plus d'un demi-siècle, est rempli de travaux du plus haut intérêt. Nous les classerons sous cinq chefs :

1° Le personnel : directeurs et séminaristes ;

2° Les règles et leur approbation canonique, avec la reconnaissance légale de l'Institut ;

3° L'extension de la Société appelée à diriger les séminaires de Meaux et de Verdun ;

4° Bonnes doctrines du séminaire ;

5° Acquisitions et constructions.

I. — PERSONNEL

M. Bouic commença par constituer sa communauté en choisissant pour ses Assistants MM. Pierre Caris, qui eut en même temps la charge d'économe, et Pierre Thomas, que son ardeur apostolique portait de temps en temps à prêter aide et concours à M. de Montfort dans ses missions. C'est même lui qui fit la bénédiction de la chapelle de Saint-Laurent-sur-Sèvre, sous le vocable du Saint-Esprit. De là sans doute le nom de maison du Saint-Esprit souvent donné à la Maison-Mère des missionnaires. C'est lui qui a écrit la biographie manuscrite du vénéré P. des Places que nous possédons encore aux Archives de Paris. M. Thomas devint su-

périeur du séminaire de Verdun en 1737; et tint ce poste
jusqu'en 1744, où il rentra à Paris. Il demeura Assistant de
M. Bouic jusqu'à sa mort qui survint en décembre 1751.

M. Caris, appelé aussi « le pauvre prêtre », après avoir
été reçu étudiant au séminaire dès 1704, puis admis à la
conduite et au gouvernement de l'œuvre, c'est-à-dire en la
société naissante du Saint-Esprit, en fut l'ingénieux et dévoué procureur, premier Assistant de M. Bouic, et son bras
droit en toutes choses, jusqu'à sa mort, le 21 juin 1757.
Nos Archives ont conservé quelques traits caractéristiques
qui relèvent singulièrement l'esprit de dévouement et de
charité du bon Père Caris.

Un jour qu'il parcourait les rues de Paris, la tristesse
dans l'àme abattue, il fut aperçu dans la réflexion de son
miroir par un homme de condition qui se faisait la barbe et
qui fut frappé de l'air de sainteté et de tristesse qu'il re-
marquait en lui. Il envoya promptement son domestique appeler le P. Caris, qui se rendit immédiatement à l'invita-
tion. Après avoir fait les premiers compliments et s'être
excusé sur son indiscrétion, il lui dit : « J'ai remarqué sur
votre physionomie un certain air de simplicité et de tristesse qui m'a frappé. J'ai désiré vous connaître et même
apporter remède à vos peines, si la chose est en mon pouvoir ». Le P. Caris lui répondit : « Je suis Caris, le pauvre prêtre. J'ai 80 jeunes gens à nourrir, et pas une once
de pain à leur donner. C'est pour trouver quelque aumône que vous me voyez dans les rues de Paris ». Il ex-
pliqua ensuite ce que c'était que le séminaire du Saint-
Esprit, le but que s'était proposé le fondateur et l'objet de
l'œuvre dont les directeurs étaient chargés. Le gentilhom-
me lui dit : « J'avais précisément une aumône à faire;
elle ne peut être mieux placée qu'en vos mains », et il lui
donna un sac de cent pistoles (c'est-à-dire mille francs).

Une autre fois, le P. Caris passant rue Saint Antoine, reçut sur la tête le contenu d'un vase de nuit. Le domestique
qui le déchargeait par la fenêtre, effrayé des suites de son
étourderie, court en rendre compte à son maître qui lui
ordonne d'appeler incontinent la victime de son imprudence.
Le P. Caris étant entré, le maître se confondit en excuses.
Le P. Caris, de son côté, le rassura, protestant qu'il atta-

chait trop d'importance à une chose qui en avait si peu.
Puis la conversation s'engagea sur le motif de ses courses
dans Paris, sur le séminaire du Saint-Esprit, etc. « Eh bien !
dit le maître, si vous m'aviez dénoncé à la police, j'aurais été condamné à l'amende ; je vais vous en faire bénéficier. » Et en même temps, il lui remit cinq cents livres.

« Le séminaire devait beaucoup au boulanger et au boucher, de sorte que ceux-ci durent un jour arrêter le crédit. *Dîner trop sommaire.*
Le P. Caris, après avoir couru toute la matinée, rentra pour
l'examen, sans rien rapporter. A midi, la Communauté se
rendit au réfectoire comme de coutume, et, après le *Benedi-
cite*, l'on dit sur-le-champ les grâces, puis on se rendit à
la chapelle pour la visite ordinaire au Saint Sacrement.
Pendant l'adoration, arrivèrent des vivres en abondance,
sans que l'on en connût la provenance. On rentre alors au
réfectoire et, après le repas, les cœurs tout émus récitèrent
un *Te Deum* d'actions de grâces. La divine Providence ne
borna point là ses faveurs. Dans la journée on reçut des
sommes suffisantes pour régler le boucher et le boulanger ».
(Notices traditionnelles).

Ces faits et d'autres semblables étaient attribués à la
sainteté du P. Caris. Ils ne manquèrent pas, du reste, d'être
mêlés à bien des rebuts et affronts. C'est que le « pauvre
prêtre », pressé de besoins divers, avait à recueillir des
aumônes à la fois et pour les séminaristes, et pour la construction, et pour les nouveaux convertis qu'il avait rame-
nés des voies de l'erreur, etc.

M. Le Barbier, l'un des premiers collaborateurs de M. *Quimper et Léon.*
des Places, était mort avant lui ; M. Le Roy avait été rappelé
en son diocèse par Mgr de Pleuc, évêque de Quimper, ou
Cornouailles, qui devait, peu d'années plus tard, confier
la direction de son grand séminaire à un autre prêtre du
Saint-Esprit, M. Henri Liscoët. Le même diocèse fournit
encore à la Société M. Michel David, qui fut le premier
supérieur de la Société au séminaire de Meaux, avec M.
Jacques Lars, du diocèse de Léon, pour procureur ; M.
Lars succéda à M. David à la tête du dit séminaire.

La Providence amena encore à M. Bouic d'autres coo- *Coopérateurs.*
pérateurs que nous devons citer. C'est d'abord M. François
Becquet, du diocèse d'Amiens, qui fut son successeur à

la tête de l'œuvre. Et puis M. Nicolas Foisset, du diocèse de Trèves, MM. Jacques et Jean-Marie Duflos, du diocèse de Boulogne-sur-Mer, Pierre Girard, du diocèse de Beauvais, Rupalet, de Saint-Malo, Guillebert, Simon Guy, Robert Esestier, de France, Lhéostic, Houviez, Roquelin, etc.

Il est à remarquer que l'effectif de la Société ne fut jamais considérable. Le but du séminaire étant précisément de fournir des sujets aux œuvres pauvres, aux missions, aux colonies, la Congrégation ne garda en son sein que les cadres nécessaires à la direction du séminaire de Paris, puis de ceux de Meaux (1737-92), et de Verdun (1737-45).

Le Père de Montfort. Il faut rappeler aussi ceux qui s'attachèrent au P. de Montfort, qui puisa volontiers au séminaire du Saint-Esprit ses premiers collaborateurs, les Pères Vatel, le Vallois, Hédan, etc. C'est dans ce but qu'il fit, en 1713, une visite mémorable en laquelle ses discours enflammèrent tous les cœurs. Tous les séminaristes groupés dans la cour autour du saint missionnaire, sont suspendus à ses lèvres comme à la voix d'un prophète. Il plonge sur chacun un regard de physionomiste inspiré. Le signe de son choix ne sera pas un lambeau de son vieux manteau comme au temps d'Élie. Ce sera cet antique chapeau plat tout râpé, que connaissent et vénèrent dès longtemps toutes les landes de Bretagne et d'Anjou. Il le pose sur la tête de l'élu stupéfié qui obéit sans hésiter comme à l'ordre de Dieu même.

Il laissa au séminaire, en souvenir de son passage, une statue de la Sainte Vierge, en vieux chêne sculpté, qui pourrait bien être son ouvrage. Elle a une coudée de hauteur. La Vierge abrite sous son manteau 12 prêtres, 6 de chaque côté. Tous ont les mains jointes et les yeux fixés sur leur bonne Mère. Cette statue fut, dès lors, l'objet de la vénération universelle. Placée dans la salle de communauté, Directeurs et élèves ne manquaient jamais de la saluer d'un « *Ave Maria* » et d'un « *Sub Tuum* », notamment à la sortie et à la rentrée.

II.

APPROBATION CANONIQUE ET RECONNAISSANCE LÉGALE

L'œuvre du séminaire grandissait avec les bénédictions de l'Eglise et les faveurs de la Cour. Survint un incident qui va transformer les premières en stricte approbation canonique et les secondes en autorisation légale. Il s'agit d'un legs de 44.000 livres fait au séminaire par M. Charles Le Bègue, prêtre habitué à Saint-Médard, avec la condition imposée à la Société d'assister en habits de chœur les dimanches et fêtes aux offices de la paroisse Saint-Médard, et de célébrer un annuel dans la chapelle Saint-Fiacre. Le testament est daté du 7 septembre 1723; la mort du testateur survint dans les premiers mois de 1726. Aussitôt, M. Bouic sollicite des lettres patentes du Roi pour recueillir le legs. Grâce à l'influence du cardinal de Fleury et du prince Louis d'Orléans, fils du Régent, ces lettres sont vite octroyées, dès le mois de mai 1726; elles font mention de l'approbation complète du cardinal de Noailles, archevêque de Paris. On les présente à l'enregistrement au Parlement, la Cour ordonne une enquête « de commodo et incommodo », qui fut confiée à Pierre de Pàris, conseiller en la Grand-Chambre. Le 26 juin, il entendit comme témoins : Charles Gérin, docteur en Sorbonne, et curé de Sainte-Croix, en la cité; Jean-Baptiste-Joseph Languet de Gersy, docteur en Sorbonne, et curé de Saint-Sulpice; Firmin Paulet, économe du séminaire de Saint-Nicolas du Chardonnet; Pierre Perrin, secrétaire du Roy; Pierre-Nicolas Aunillon, conseiller du Roy et premier président de l'élection de Paris; Sébastien-Joseph Galpin, trésorier de France en la généralité de Paris; et enfin Jean Ni.ant, docteur de Sorbonne, et curé de Saint-Germain l'Auxerrois. Tous ces témoins se montrèrent favorables au séminaire. Le cardinal renouvelle son approbation par acte du 5 septembre 1726.

L'enregistrement allait se faire lorsque surgit une opposition formidable qui devait s'acharner huit ans à la perte du séminaire. C'étaient les Jansénistes, ennemis jurés des prêtres du Saint-Esprit, contre lesquels ils avaient quatre griefs implacables, irrémissibles : Leur entière soumission aux doctrines romaines, leur pratique morale qui poussait à la fréquentation des sacrements, leur union étroite avec les Jésuites, enfin leur dévotion à l'Immaculée Conception de la Très Sainte Vierge. On conçoit que les novateurs voulussent à tout prix empêcher leurs adversaires de se fortifier tant par la reconnaissance de l'Eglise et de l'Etat que par l'acquisition de cette somme considérable. Aussi, toutes les forces de la secte vont donner. Sept groupes d'opposants se lèvent à la fois. Les héritiers le Bègue, les marguilliers de Saint-Médard, le curé qui est le fameux janséniste Nicolas Lombard, la cour du Parlement, — plus tard (1733-34) viendra la Cour des Comptes — l'Université qui entend et prétend que les séminaristes du Saint-Esprit suivent ses Ecoles et prennent ses grades, enfin le cardinal de Noailles lui-même, ou plutôt son entourage, voué à la secte, notamment son vicaire général, Dorsanne, ultrajanséniste qui laissera en mourant l'immense somme de 164.000 livres à la « boîte à Perrette » (1).

Pour avoir raison de toutes ces oppositions conjurées, on pensa que le moyen le plus expéditif était le recours à l'autorité royale, et l'on obtint de Louis XV les *secondes* lettres patentes, datées du 17 décembre 1726, ordonnant qu'il soit passé outre à toutes ces réclamations « lesquelles étaient sans fondement ».

Mais le complot janséniste a eu le temps de se fortifier. Il a son centre à l'archevêché, dans les conseils de ce faible cardinal de Noailles, qui deux fois déjà a donné son approbation officielle à l'œuvre soit pour obtenir les premières lettres patentes, soit pour consentir à leur enregistrement. En janvier 1727, il réunit son Conseil, et, cette fois, le plan de la secte se dévoile. Opposition catégorique est faite à l'enregistrement des secondes lettres patentes. Celles-ci, en donnant à l'œuvre du Saint-Esprit le titre de *séminaire*, ont porté atteinte aux prérogatives de l'Autorité ecclésiastique, qui, d'après l'édit de Louis XIV, de 1666, a seule qualité pour fonder ces sortes d'établissements. Or, Paris ne manque pas de séminaires ; il n'y a donc pas lieu d'en ap-

Secondes
lettres pa-
tentes

---

1. *Caisse noire* du parti janséniste.

prouver un nouveau. La requête, adressée le 16 janvier au Parlement, est admise dès le lendemain. C'est le triomphe du parti, la mort du séminaire. M. Bouic et ses confrères en sont atterrés. Cependant, leurs amis de la Cour relèvent leur courage.

Les troisièmes lettres patentes sont obtenues de Louis XV, à la date du 17 juillet 1727. Le mot de séminaire n'y figure pas ; et il ne s'agit plus que d'une Communauté vouée à la charité. Le Conseil archiépiscopal met alors à son approbation des conditions si onéreuses pour les Directeurs, qu'il leur fut impossible d'y souscrire. Ce serait ouvrir la porte à l'hérésie, cela ne sera pas.

On songe à faire intervenir auprès des trois plus terribles adversaires de l'œuvre l'Archevêque, le Parlement et l'Université, des hommes de grands talents et de haute notoriété : Mgr Languet et le docteur Le Gendre... Le Ciel intervint lui-même. En 1728, Dorsanne est disgracié ; le cardinal, délivré de son mauvais génie et laissé à sa conscience, fait sa soumission à la bulle « Unigenitus » et, par une lettre du 19 juillet à Benoît XIII et par un Mandement du 11 octobre, qui donnèrent à la réparation du scandale autant d'éclat qu'en avait produit le mal lui-même. Ce fut un coup d'assommoir pour les Jansénistes. Leurs ennemis, les prêtres du Saint-Esprit les premiers, purent enfin respirer puis rentrer dans les bonnes grâces du Prélat.

Il leur fut encore moins difficile de s'arranger avec son successeur sur le siège de Paris, en 1729, Mgr Gaspard de Vintimille, prélat de doctrine irréprochable. Il fit reprise de la requête d'enregistrement des premières et secondes lettres patentes au Parlement, et l'obtint à la date du 19 mars 1731. L'Université, priée de se désister, retira son opposition. Ainsi firent le curé et les marguilliers de Saint-Médard. Sur le legs qui avait donné naissance à tous ces débats, la Cour se prononça en faveur des héritiers en leur imposant des charges.

Restait à faire entériner les lettres patentes en la Cour des Comptes. Nouvelle enquête « de Commodo », nouvelles approbations exigées de l'Archevêché et aussitôt données, puis communication exigée des Règles. On les rédigea en laïin; elles sont revêtues de l'approbation de Mgr de Vintimille, datée du 2 janvier 1734. Mais la Cour ayant observé que les lettres patentes étaient frappées de *surannation* pour n'avoir pas été enregistrées en l'année, il fallut obtenir les quatrièmes lettres patentes du roi, « pour relief de surannation ». Elles sont du 21 août 1733. Enfin, tout se termina à souhait par l'arrêt de la Cour, du 30 juillet 1734. Ainsi la Congrégation perdait ses 44.000 livres, mais sortait de ce long et pénible conflit avec la reconnaissance légale de l'Etat, l'approbation et de l'œuvre et de ses Règles par l'autorité diocésaine, sans avoir par exemple rien perdu de la haine des Jansénistes.

III. — LA DIRECTION DU SÉMINAIRE
DE MEAUX ET DE VERDUN
EST CONFIÉE AUX PRÊTRES DU SAINT-ESPRIT

Séminaire de Meaux. — L'un des plus insignes protecteurs de l'Institut naissant fut sans contredit Son Em. le cardinal de Bissy. Le Prélat venait de succéder à Bossuet sur le siège de Meaux en 1704, lorsque M. Poullart des Places fondait à Paris l'œuvre des « Pauvres Escholiers ». Il eut l'intuition du bien que cette œuvre était appelée à faire dans l'Eglise, et lui voua dès lors une bienveillance qui ne se démentit jamais. Non seulement il l'aida de ses libéralités, mais il lui conquit les faveurs de la Cour par l'entremise du cardinal de Fleury. Dans ses fréquentes visites au séminaire, le cardinal de Bissy put se rendre compte « de visu » et de la régularité de la discipline, et du bon esprit qui y régnait, et de la pureté de la doctrine enseignée. Aussi, un jour que, au nom de tout le Conseil (délibération du 5 janvier 1736), MM. Bouic et Caris étaient venus offrir les remerciements de la Société à Son Eminence pour un versement de 13.000 livres, destiné à régler les Mémoires des entrepreneurs, le cardinal leur dit qu'ils avaient un moyen de lui témoigner leur gratitude plus efficacement que par des paroles, c'était de prendre la direction de son séminaire de Meaux, avec ses trois

œuvres annexes, le petit séminaire, le Collège et l'hôpital.
On ne pouvait refuser. Un contrat en règle fut alors passé
par devant Mᵉ Meunier, notaire à Paris, et signé en l'abbaye de Saint-Germain des Prés, dont le cardinal était com-
mendataire. Six prêtres du Saint-Esprit devaient suffire
à la direction du groupe d'œuvres, formation cléricale avec
tous les cours des sciences sacrées au séminaire, gestion du
temporel avec revenus et dépenses. Et pour tous ces services et ministères à l'hôpital et aux deux collèges, chaque
prêtre avait 250 livres par an et l'entretien, soit pour les six,
1.500 livres. Les classes du collège et du petit séminaire
étaient réunies, et faites par trois régents, prêtres du diocèse, payés, le régent de rhétorique et de seconde 300 liv.,
celui de troisième et quatrième, 250 liv., celui de cinquième
et sixième, 200 livres. Comme les revenus étaient convena-
bles, la bonne administration de ces Messieurs du Saint-
Esprit leur permit de faire face aux frais courants, et de
rebâtir à neuf la plus grande partie du séminaire. La prise
de possession eut lieu en avril 1737, et le 26 juillet de la
même année mourut le cardinal de Bissy. On continua jusqu'en 1792. Il est à remarquer que dans cet espace de 55
ans, le séminaire n'eut que trois Supérieurs, bretons tous
les trois, issus également de l'œuvre des « Pauvres Éco-
liers. » Ce sont : MM. Michel David, du diocèse de Quimper,
Jacques Lars, du diocèse de Saint-Pol de Léon, et Thomas Rupalet, de celui de Saint-Malo. « Ces trois hommes
étaient fort distingués et remarquables à différents titres,
très versés en les sciences ecclésiastiques, et expérimentés
en la direction des âmes. Aussi, eux et leurs confrères réussi-
rent-ils à préserver le clergé de Meaux des erreurs Jansénistes qui engendraient la discorde et accumulaient tant
de ruines dans les diocèses d'alentour ». Lors de la suppression des séminaires par la loi révolutionnaire du 18
août 1792, les prêtres du Saint-Esprit étaient MM. Rupalet,
Boudot, Gondré, Fréchon et Deglicourt. Ils rompirent avec
l'évêque constitutionnel et se replièrent sur Paris, auprès
de M. Duflos, leur Supérieur général. Aucun d'eux ne prêta
serment à la Constitution civile du Clergé. Mais, en 1797,
M. Rupalet retourna à Meaux, où il voulut exercer son
saint ministère ; il fut arrêté, emprisonné et envoyé mourir

à l'hospice. M. Boudot demeura déguisé dans Paris, au séminaire du Saint-Esprit, et se montra le soutien des prêtres fidèles et des religieuses expulsées. Il rouvrit au culte la chapelle du séminaire, dès la chute de Robespierre jusqu'à l'arrêt tyrannique du Directoire (juin 1797); se cacha de nouveau dans le quartier latin, jusqu'au retour de l'ordre. Il devint vicaire général de Mgr de Quélen, archevêque de Paris, et mourut en 1837. M. Deglicourt fut arrêté, condamné à la déportation et jeté dans les prisons d'Oléron. Au Concordat, Mgr Barral le nomma supérieur de son séminaire de Meaux. Mais il mourut en 1807, avant d'avoir pu le reconstituer.

Séminaire de Verdun. — Le diocèse de Verdun était, au XVIIIe siècle, fortement contaminé de jansénisme. Mgr de Béthune, son évêque de 1681 à 1720, figurait en tête des « Appelants ». Il avait pour vicaire général Louis Habert, l'un des coryphées de la secte, auteur d'une théologie que Fénelon censura en des termes sévères (1711), et d'un livre intitulé : « La Pratique du Sacrement de Pénitence », ou « Pratique de Verdun », et ironiquement : « La Pratique impraticable ». Le clergé était partagé entre une majorité fidèle, qui avait signé la bulle « Unigenitus », et une minorité d'exaltés jansénistes. C'est pour ramener le diocèse aux saines doctrines que le successeur de Mgr de Béthune (8 janvier 1721), Mgr Hallencourt de Drosménil, appela les prêtres du Saint-Esprit à prendre la direction de son séminaire. M. Thomas en fut nommé Supérieur, avec M. Becquet, excellent théologien, pour professeur de dogme. La secte vit, dans cet acte de l'évêque, un défi, et commença contre les nouveaux venus une campagne acharnée, dans les « Nouvelles Ecclésiastiques », organe clandestin du parti. M. Becquet répondit, d'abord dans le « Supplément aux Nouvelles », puis par le combat à visière levée, en faisant soutenir au séminaire des thèses publiques sur la grâce et les autres questions en litige. Battus au grand jour, les adversaires se réfugièrent dans les antres de la calomnie, et lancèrent des libelles les plus injurieux contre M. Becquet et ses confrères. Déférés aux juges de Pont-à-Mousson, puis à la Cour de Nancy, les libelles furent condamnés, saisis et brûlés par la main du bourreau. On sévit par la prison et l'amende contre quelques-uns des auteurs, mais les principaux échappèrent aux coups de la justice, sinon aux flétrissures de l'opinion publique. Rome mit à l'index le pamphlet intitulé : « Lettres à Becquet ». (Cologne, 1741).

En pareilles conjectures, les prêtres du Saint-Esprit, d'accord avec Mgr de Drosmenil, quittèrent Verdun en 1745, après un septennat de labeurs remplis de déboires et de luttes dont néanmoins ils emportaient les manifestes avantages.

IV. — LES PRÊTRES DU SAINT-ESPRIT SONT FIDÈLES A LA SAINE DOCTRINE

Rares étaient, au XVIIIe siècle, les Instituts religieux demeurés fidèles aux pures doctrines de l'Eglise, et absolument immunisés du virus janséniste. Les Règles des prêtres du Saint-Esprit les mettaient en garde contre les nouveautés ; ils surent à la fois s'en garder et en prémunir leurs élèves. Nous traduisons l'article III du chapitre VI des Règles latines qui fixent ce point important : « Ils devront détourner leurs élèves de toute nouveauté de doctrine ; n'enseigner ni les opinions trop relâchées, ni celles qui sont trop rigides ; ce que l'Eglise approuve, qu'ils l'approuvent ; ce qu'elle condamne, qu'ils le condamnent ».

Il n'en fallait pas davantage pour s'attirer toutes les foudres de la feuille clandestine du parti : « Les Nouvelles Ecclésiastiques ». Colères, sarcasmes et calomnies pleuvent à jet continu sur ceux que l'on appelle avec dédain les « Placistes », les « Bouics », les « valets des Jésuites ». Ils feront du reste, dans cette mêlée, bonne figure, et se trouveront en bonne compagnie avec les missionnaires du P. de Montfort, notamment le P. Vattel, les Religieux de la Société de Jésus, saint J.-B. de la Salle, Mgr de Vintimille et surtout Mgr Christophe de Beaumont, son successeur sur le siège de Paris, après le rapide passage (juin-juillet 1746) de Mgr de Bellefont. Citons un épisode de cette méchante guerre, en raison de la part qu'y prirent les prêtres du Saint-Esprit.

Les Augustines de la Miséricorde.

En 1756, Mgr de Beaumont était exilé à Conflans, par les intrigues des Jansénistes et de la Pompadour, lorsque se présenta l'élection de la Supérieure des Augustines de la Miséricorde, au faubourg Saint-Marcel. C'étaient des obstinées qui avaient refusé leur soumission à la bulle « Unigenitus ». Le prélat, dans l'espoir de les ramener, se réserva de présider la dite élection, et ordonna d'y surseoir jusqu'à son retour. Est-ce que ces malheureuses ne s'aveuglent pas jusqu'à en appeler au Parlement de cet acte épiscopal ? Et le Parlement, retenant la cause, ordonne, par arrêt du 3 septembre 1756, que les élections se feront « dans le lendemain, les dites Religieuses s'assemblant capitulairement, en présence de Me Troussot d'Héricourt, Conseiller clerc en la Cour, etc. » L'archevêque ne pouvait que casser l'arrêt anticanonique du Parlement et envoyer aux Religieuses défense de se réunir sous peine d'excommunication. Le 7 septembre, nouvel arrêt du Parlement qui supprime, comme d'abus, la défense épiscopale. Les élections ont lieu, et l'élue, Madame de Saint-Julien, en religion Sœur Félicité, a l'audace d'en donner *avis* à l'archevêque. La réponse ne pouvait être qu'une sentence d'excommunication, avec interdit de la chapelle du monastère. Six Religieuses, fidèles à leur pasteur, avaient quitté la salle capitulaire ; elles durent aussi quitter leur Communauté et se retirer à Port-Royal. Dès le début, le Supérieur ecclésiastique, M. le Sueur de Chantemerle, avait donné sa démission. Quand le prélat rentre de son exil, l'année suivante, on ne veut pas entendre parler de soumission. Des amis très puissants de la Cour elle-même, font des démarches auprès de l'archevêque pour qu'il lève l'interdit. Mgr de Beaumont demeure ferme, tant que persiste la rébellion.

Nouvel exil de Mgr de Beaumont.

Le 4 janvier 1758, il reçoit des lettres de cachet qui l'exilent en son château de la Roque en Périgord. Au départ il nomme quatre vicaires généraux, mais se réserve toute la cause des Augustines.

C'est pendant que ce couvent était sous l'interdit que les prêtres du Saint-Esprit, qui jouissaient de toute la confiance de Mgr de Beaumont, furent appelés à administrer les sacrements à une Religieuse très âgée, Sœur Madeleine de Jésus, qui allait mourir. M. Bouic, qui s'y rendit lui-même réussit à obtenir de la mourante qu'elle rétractât le scandale donné, et fît amende honorable à son archevêque en présence de toute la Communauté. Puis il profita de la circonstance pour essayer d'ouvrir les yeux à ces malheureuses aveugles. Il paraît qu'il ne recueillit qu'un succès partiel, puisque la Communauté s'endurcit dans son obstination jusqu'à la grande Révolution, et même après.

Les élèves du séminaire du Saint-Esprit se montrèrent dignes de leur maître. Voici le témoignage qui leur est rendu dans un rapport officiel :

« Une fois lancés dans l'exercice du saint ministère, les prêtres formés au Séminaire s'appliquent avec zèle à instruire les fidèles dans les bonnes doctrines, et à les sanctifier par la fréquentation des Sacrements. Il y en a plusieurs qui, en moins de trois ans, ont rétabli dans des paroisses nombreuses, la catholicité, la piété et la fréquentation des Sacrements. Des mille prêtres qui ont été élevés et formés en ce séminaire, il n'y en a pas un qui soit devenu « appelant ». Au contraire, presque tous les ont combattus ou de vive voix ou par la plume ».

A la Révolution, « ce fut pour la Société une consolation de compter parmi ses membres plusieurs confesseurs de la foi, sans avoir vu un seul des siens ni même de ses élèves contrister l'Eglise par la flétrissure des serments ou des apostasies ».

V. — LE TEMPOREL DE LA CONGRÉGATION

Sous le gouvernement de M. Bouic, et grâce aux aptitudes de M. Caris, le temporel du séminaire se développe et fortifie dans des proportions heureuses. On n'a rien, et on n'est rien aux débuts : l'œuvre grandit bientôt et produit beaucoup.

Gentilly. — Depuis 1704 l'on occupait l'immeuble en location de la rue Neuve-Sainte-Geneviève. A l'augmentation du personnel n'avait pas répondu un développement égal des locaux. L'air était trop mesuré : on sentait la nécessité d'aller respirer celui de la campagne ; et l'on fit en 1729 l'acquisition d'une villa avec jardins à Gentilly. Comme la Société n'avait pas encore la reconnaissance légale, la propriété fut mise au nom de Messire Pierre Caris, qui, du reste, en fit payer le prix par de généreux bienfaiteurs. Cette acquisition coûta 20.000 livres. Le 16 février 1740, elle s'agrandit d'une autre terre contiguë qui coûta 9.000 liv. La campagne servait à la fois et de but de promenade aux directeurs et aux Séminaristes, et de jardin d'approvisionnement en fruits et légumes pour la table de la Communauté.

Sarcelles. — En 1752, Mgr Dosquet, ancien évêque de Québec, voulant reconnaître les services qu'avaient rendus et que rendaient encore dans ce vaste diocèse, les prêtres envoyés par le séminaire du Saint-Esprit, fit don à la communauté de sa maison de campagne, sise à Sarcelles, à quatre lieues au nord de Paris. La valeur en était estimée à 57.000 livres. Cet immeuble fut confisqué à la Révolution (loi du 18 août 1792) et ne fut jamais ni restitué ni racheté.

La Chyperie. — Marie-Madeleine Angoust, de Paris, légua en 1757, à la Congrégation, en la personne de son Procureur, alors M. Jacques Duflos, qui passa donation à M. Becquet, Supérieur, les propriétés de Chyperie et des Sablons, d'une contenance d'environ 16 arpents, sis en la paroisse Saint-Martin de Saron, près Orléans. Dans ce terrain très fertile des bords de la Loire, on entretenait un vignoble de bon produit. Confisquée à la Révolution, cette terre ne trouva pas d'acquéreur, et revint, au Concordat, à ses propriétaires. C'est même là que Napoléon voulait établir le siège de la Congrégation du Saint-Esprit (1805), puisque l'immeuble du séminaire avait été aliéné. M. Bertout accepta bien le retour de la Chyperie à la Communauté, mais sans renoncer à rentrer au séminaire. La Chyperie servit de maison de campagne et de séjour des vacances aux directeurs jusqu'en 1848, où Mgr Monnet en opéra la vente.

Maison de la rue des Postes. — Mais la principale acquisition fut celle de la rue des Postes. Les lettres patentes de mai

1726 autorisaient la Congrégation à acheter et à posséder en franchise de tous droits à perpétuité, un local avec clos et jardin, pour y asseoir les bâtiments du séminaire. Ce ne fut qu'en 1731 que l'on put le trouver, l'acquérir et l'occuper. Le contrat décrit les lieux : « En suite d'un contrat passé par devant Me Doyen, notaire à Paris, en la date du 4 juin 1731, contenant vente par Isaac-Jacques de Martinville, au nom des héritiers Jean-Baptiste-Abel Guillard, Chevalier, seigneur d'Amoy, et de sa dame Marie-Anne le Haguais, à la Communauté et Séminaire du Saint-Esprit, sous l'invocation de la Sainte Vierge conçue sans péché, de deux maisons scises en cette ville de Paris, faubourg Saint-Marcel, l'une rue des Postes et l'autre rue des Vignes, moyennant la somme de 36.000 livres... » Le contrat est signé de MM. L. Bouic, P. Caris, P. Thomas, M. David et Nicolas Foisset, qui composaient alors tout le personnel de la Société. L'emplacement, contenant 1.500 toises, présentait deux groupes de maisons, à gauche et à droite de la porte cochère, aboutissant l'un et l'autre à la rue des Postes. Le groupe de droite comprenait la maison principale, élevée de plusieurs étages, celui de gauche, des écuries et masures bonnes à renverser. Au fond de la cour était un autre bâtiment à deux étages, en mauvais état.

« *Construction de l'aile des Vignes.* » — Tout cela n'était guère propre à recevoir les 80 séminaristes avec leurs Directeurs. On s'installa comme on put dans les bâtiments de droite, avec les logements, le réfectoire, les parloirs, la salle de communauté et la chapelle; l'infirmerie et la lingerie furent établies dans celui de la cour, et l'on songea à ériger une aile convenable à la place des édicules de gauche, le long de la rue des Vignes, jusqu'à l'angle de la rue des Postes. Mais avec quelles ressources bâtir, alors que le prix d'achat n'était pas encore soldé? M. Bouic, aidé toujours de M. Caris et aussi de ses autres confrères, plaça avant tout sa confiance en Marie Immaculée; puis il n'hésita pas à frapper à la porte des bienfaiteurs capables de l'aider. Le premier auquel il s'adressa fut le grand Aumônier de France, qui était alors le cardinal de Rohan, faisant appel à la charité personnelle de Son Éminence et aux aumônes de la cassette royale. Il écrit de même au premier ministre, le cardinal de Fleury, dont le concours lui est aussi assuré; puis à Son Altesse, le Prince Louis d'Orléans, fils très pieux d'un père, le Régent, qui l'était moins. À la mort de la Princesse, son épouse, il s'est retiré dans l'abbaye de Sainte-Geneviève, où il se donne tout entier aux œuvres de charité. À sa mort (1750), Mme Louise de France dira de lui : « Voilà un bienheureux qui laisse après lui bien des malheureux ». Le Séminaire le compte parmi ses plus généreux bienfaiteurs. M. Bouic s'adressa encore à M. K. Hérault, lieutenant général de la police, puis à l'Assemblée générale du clergé, enfin à ses providences ordinaires, le cardinal de Bissy et Mgr Languet, archevêque de Sens, l'auteur de la Vie de Marguerite-Marie Alacoque. Dès 1732, les travaux sont en train et marchent rapidement. Mais tout aussi rapidement s'épuisent les fonds. C'est en ces jours de détresse que les 44.000 livres de l'abbé Le Bègue eussent été les bienvenus. En juin 1733, il faut recourir à nouveau au bon cardinal de Fleury, et ce ne fut pas sans succès. M. Bouic écrit aussi à M. l'abbé Manier, curé de Vézelay, pour le prier d'intéresser à l'œuvre le Prince d'Elbœuf, cœur fort généreux. Enfin, un don de 13.000 livres du cardinal de Bissy permet de couronner l'œuvre. Un beau bâtiment en pierres de taille, long de 16 toises (31 m. 20), large de 5 (9 m. 75), qui contient avec réfectoire et cuisines, au rez-de-chaussée, quatre étages de 16 chambres chacun, soit 64 en tout, un bel escalier qui excitait l'admiration de Soufflot lui-même, et tout cela construit sans autres ressources que celles de la charité, recueillies en surcroît des aumônes nécessaires à la marche du séminaire. Voilà, certes, une œuvre qui, à elle seule, suffirait à immortaliser ses auteurs.

Il restait encore dans les plans de M. Bouic à construire une aile semblable le long de la rue des Postes, puis une chapelle avec sacristie, et une salle de bibliothèque à la place des bâtiments de droite. Ce plan, il était réservé au successeur de M. Bouic de le réaliser, et nous verrons au prix de quels labeurs et sacrifices.

Il importe aussi de noter qu'une ressource précieuse, tant pour ces premières constructions que pour les suivantes, ce fut la découverte, dans la cour, d'une riche carrière de pierres et de sable. Les séminaristes, à leurs heures de loisir, travaillaient avec bonheur à en extraire de superbes blocs, que les architectes évaluèrent à des sommes fort appréciables. « Ces séminaristes, qui extraient et portent des pierres, dit M. Soufflot dans son rapport, m'ont paru semblables à ces anciens religieux qui bâtissaient eux-mêmes leurs vastes habitations ».

A la date du 9 août 1758, M. Bouic obtint du Prévost des Marchands une concession gratuite de « 6 lignes d'eau en superficie », provenant des eaux d'Arcueil, pour l'usage de la Communauté. Une citerne fut construite à environ 15 mètres devant la maison du cul-de-sac des Vignes ; et elle existe encore, mais ne sert plus comme réservoir d'eau. Elle est même recouverte d'un parterre qu'entoure une allée circulaire. De même aussi l'on obtint l'exemption de Droits d'entrée pour quatre-vingts muids de vin par an.

Caveau. — Décès. — M. Bouic put encore construire, sous l'ancienne chapelle, du côté de la rue des Postes, un caveau destiné à recevoir la dépouille mortelle des membres de la Communauté. Ce fut le 22 juin 1757 qu'il fut béni par M. Becquet, délégué à cet office par Mgr de Beaumont. Et ce jour-là même, M. Caris y fut inhumé. Ce zélé procureur, mort en odeur de sainteté, mérita que l'on inscrivît sur sa tombe cette épitaphe qu'on y lit encore :

CY GIST PIERRE CARIS
QUI VÉCUT POUR DIEU ET LE PROCHAIN TOUJOURS
POUR LUI, JAMAIS.

M. Louis Bouic ne tarda pas à le suivre. Après une tâche laborieuse, bien remplie au service de Dieu, après une longue et féconde administration de 53 ans, il mourut le 2 janvier 1763. MM. Thomas et David l'avaient, comme M. Caris, précédé de quelques années au séjour de la récompense éternelle.

CHAPITRE IV.

M. FRANÇOIS BECQUET, 4ᵉ SUPÉRIEUR GÉNÉRAL

(4 février 1763 — 28 octobre 1788)

M François Becquet fut élu supérieur le 4 février 1763. Les électeurs assemblés étaient MM. Jacques Lars, premier Assistant, Supérieur de Meaux; F. Becquet, deuxième Assistant; Jacques Duflos, Procureur; Pierre Girard, P.-Th. Rupalet et Jean-Marie Duflos.

Le nouveau Supérieur était né en 1705, au bourg de Cayeux, diocèse d'Amiens. Entré comme élève au séminaire du Saint-Esprit le 1ᵉʳ octobre 1728, il fut reçu comme associé le 1ᵉʳ juin 1735, puis nommé professeur à Verdun (1737-45). Élu supérieur général le 4 février, il fut, dès le lendemain, approuvé et confirmé en sa charge par Mgr de Beaumont, archevêque de Paris.

Dès longtemps, M. Becquet était investi de la confiance de ce vertueux prélat qui, « dans ses contestations avec le Parlement et les Jansénistes, avait su mettre à profit et les lumières et le dévouement de ces Messieurs du Saint-Esprit ». Ajoutons que, de son côté, le digne archevêque lui rendit tous les services en son pouvoir, surtout dans les difficultés financières où le plongèrent les constructions si laborieuses du séminaire. C'est lui qui porta l'Assemblée générale du Clergé de 1765 à élever à 1.500 livres la rente de 1.000 livres allouée au Séminaire depuis 1723, avec une gratification de 800 livres votée à chaque session.

Deux progrès considérables ont signalé l'administration de M. Becquet, la construction de la chapelle avec l'achèvement du séminaire par la grande aile qui longe la rue des

Postes, et l'extension de la Congrégation aux Missions et Colonies.

I. — LA CONSTRUCTION. — CHAPELLE, GRANDE AILE, PAVILLON

En janvier 1768, M. Becquet adresse à M. Bertin, trésorier général, un Mémoire sur la nécessité de reprendre les construction du séminaire qui n'a encore ni chapelle, ni salles des exercices, de classes, de bibliothèques, ni les logements suffisants pour son personnel. Ce Mémoire est appuyé d'une lettre de recommandation de Mgr de Beaumont (23 février). M. Bertin demande à M. de Sartines, lieutenant général de la police, un rapport d'experts sur l'état du bâtiment. Au lieu d'un rapport, il en reçoit deux, l'un de M. Egresset, l'autre de M. Le Camus de Mézières, l'un et l'autre experts du roi et experts en bâtiments. Les deux rapports déclarent les locaux inhabitables.

Dans le projet de constructions nouvelles, les plans et devis dressés par M. de Mézières prévoient une dépense de 200.000 livres. Les ressources du Séminaire sont représentées par la carrière qui fournira bien pour 40.000 livres de matériaux, pierres, moellons, sable. M. Bertin trouve ces devis exorbitants et s'empresse de les rejeter. Puis, sur de nouvelles instances qui lui sont faites par des personnages influents, le Ministre consent à un subside de 30.000 livres, payable moitié en 1769, moitié en 1770, sous la double condition de renoncer au plan de 200.000 liv., et de justifier de l'emploi détaillé des crédits. M. Becquet accepte. M. Le Camus de Mézières, architecte, et M. Martin, entrepreneur, renoncent à tout bénéfice, et l'on se met à l'œuvre en juin 1769, avec un nouveau devis de 60.000 livres qui doit surtout servir à ériger la chapelle. Le 22 novembre suivant, Mgr de Beaumont vient bénir la première pierre, que M. de Sartines se fait un honneur de poser lui-même, ainsi que l'atteste l'inscription épigraphique :

Pauperes evangelizantur ad revel. gent. et glor.
Pleb. Ex munificentia regia, oratorii sub invoc.

S. Spiritus et Imm. Virginis, primarium lapidem
Benedixit Illust. ac Reverendiss. in X.[to]
P. D. D. Christoph. de Beaumont, Archiep.
Paris, dux S. Clodoaldi, par Franciæ, ord.
S. Spiritus Commendator: imposuit ill. D. D.
Ant. Raym. Joan. Gual. Gab. de Sartines, Regi
A sanctioribus Consiliis, disciplinæ politicæ
Prim. Præfectus; an. MDCCLXIX, die nov. 2z°
Adfuere Franciscus Becquet, superior generalis,
J. Duflos, J.-M. Duflos, et J. Roquelin
Semin. Direct. — Operibus gratuito præfuit
Nicol. Le Camus de Mezières, expers Reg. Academiæque
Stud. Paris. Archit. — Cæmentavit Julianus Martin.

Hélas! les fonds disponibles ont disparu dans les subs-
tructions, la chapelle souterraine et les murs qui sortent à
peine de terre. Force est à M. Becquet d'adresser une nouvelle supplique à M. Bertin. Mais le Ministre se fâche, se
plaint que M. Becquet ait voulu revenir à son plan de
200.000 livres, et écrit à M. de Sartines d'avoir à arrêter
tous les travaux. M. Becquet en est atterré. C'est Mgr de
Beaumont qui relève son courage. Il faut mettre en mou-
vement toutes les influences dont on dispose à la Cour. Le
bon cardinal de Fleury, mort nonagénaire le 27 janvier
1743, le prince Louis d'Orléans, mort aussi en 1752, ne
pouvaient donner leur appui que du haut de la cour du ciel.
On trouva près de celle de France le concours dévoué des
duchesses de Grammont, de Villars, de Nivernais, de la
comtesse de Rupelmonde, Carmélite de Grenelle, de Madame Louise de France, qui entrait cette année-là même
au Carmel de Saint-Denis. Il était difficile à M. Bertin de
résister à tant de forces coalisées, difficile aussi de se
dérober aux preuves fournies par M. de Sartines, que
M. Becquet ne songeait nullement à reprendre son ancien
plan de 200.000 livres. M. Bertin charge son secrétaire
général, M. Parent, d'aller s'en assurer, avec le concours de
Soufflot. L'éminent architecte se rend sur les lieux, examine
tout en détail et adresse à M. Parent, le 27 juillet 1770, un
rapport qui justifie pleinement le bon emploi des fonds,
et pousse à continuer les constructions. « Il fait grand état
de la carrière, des soins d'un architecte qui ne prend pour

paiement que la satisfaction de contribuer au bien d'un établissement qui ne paraît se soutenir que par miracle; il pense qu'il faut trouver les moyens de finir incessamment la chapelle et les salles; c'est un objet de vingt à trente mille livres à ajouter à ce que le Ministre a bien voulu procurer; le Ciel l'en bénira et nous aussi. Pour moi, ne pouvant rien de plus, je m'offre à aider de mes soins, toutes les fois que besoin en sera » (1).

Ce rapport gagna M. Parent, mais laissa M. Bertin inflexible. Et les travaux furent suspendus de septembre 1770 au printemps de 1775. Cependant, en présence de l'immense tas de matériaux qui se détériorent, M. Becquet n'y tient plus; et, dès 1772, il tente une nouvelle démarche auprès du terrible M. Bertin; Mgr de Beaumont, qui veut bien encore se mettre en avant, reçoit pour toute réponse un refus catégorique. En 1773, un nouveau mémoire est présenté par les « deux saintes âmes », Madame la duchesse de Nivernais et Madame de Rupelmonde. Le duc de Nivernais, personnage des plus influents, se charge lui-même de la porter et de l'appuyer. Ce ne fut que l'année suivante, 1774, que M. Bertin envoya l'architecte du roi, M. Chalgrin, connu par ses travaux de Saint-Sulpice, Saint-Philippe du Roule, plus tard de l'arc de triomphe de l'Etoile, pour procéder à un nouvel examen et dresser un nouveau rapport. Mais ce rapport concluait à la nécessité d'une dépense de 143.743 livres. Jamais M. Becquet ne se fût hasardé à présenter une pareille demande. Il se contenta de solliciter un secours de 21.522 livres pour achever le chœur de la chapelle. Ce crédit n'effaroucha plus M. Bertin qui écrivit à M. de Nivernais : « J'ai l'honneur de vous prévenir que le Roy a bien voulu accorder au séminaire du Saint-Esprit, qui a pour vous tant d'intérêt, une somme de 25.000 livres, payable en deux ans... pour achever la construction de la chapelle seulement ».

Les travaux reprennent donc dès les beaux jours de 1775. Mais ils sont confiés à M. Chalgrin comme architecte, avec M. Mangin comme entrepreneur. Ah! M. Bertin a voulu faire les travaux en régie! Le chiffre *exorbitant* des 200

----

1. Rapport de Soufflot.

mille livres de M. Becquet sera vite et largement dépassé. Mais alors M. Becquet n'y est pour rien. M. Chalgrin fait grand et beau. Que l'on en juge par ce court extrait du Mémoire du sculpteur Duret, professeur de l'Académie de Saint-Luc :

« Au-dessus de la porte principale est un carrelet où sont représentées les armes du Roy, ornées de branches de chêne et de laurier, de 10 pieds sur 5 de hauteur, en pierre de Conflans : 450 livres.

» Au portail de l'église, un grand bas-relief de 20 pieds 6 pouces sur 5 pieds 6 pouces de hauteur, représentant la prédication et le baptême des Missionnaires dans l'Inde. Ces deux sujets sont composés de 26 figures, de la proportion de 5 pieds : 5.200 livres.

Deux bas-reliefs de la grandeur de 9 pieds 3 pouces de long sur 3 pieds 9 pouces de haut, représentant l'un le Saint-Esprit descendant sur les Apôtres, l'autre la Conception de la Vierge. Ces bas-reliefs, richement composés, sont placés au-dessus des portes du sanctuaire : 2.400 livres (1).

Et puis il ne s'agissait plus seulement de la chapelle. On parle du grand corps de bâtiment qui, longeant la rue des Postes, réunira les deux ailes. Le séminaire, appelé à fournir des prêtres aux colonies de Saint-Pierre Miquelon, la Guyane et le Sénégal, devra augmenter ses cadres et par conséquent dilater ses murs. Louis XVI, en montant sur le trône, à confié le ministère de la Marine à M. de Sartines.

M. de Sartines.

D'un dévouement acquis d'avance à l'œuvre, le nouveau ministre se rend compte des services qu'elle peut rendre à son département et des subsides qui lui sont nécessaires pour y répondre. Outre la pension annuelle de 10.000 livres pour l'entretien des sujets, M. de Sartines avance encore pour les constructions 47.575 livres.

Le bâtiment de la rue des Postes.

Le portail de la chapelle sur la rue devant former angle avec le grand bâtiment, on procède à la pose d'une nouvelle pierre le 3 octobre 1777. Elle se fit par M. Le Noir,

1. Ces belles sculptures ont été érasées par la Révolution (Radel. arch.), aux frais du Séminaire, à l'exception de la seconde de 5.200 livres, aussi appréciée que trop peu connue, bien qu'elle donne sur la rue Lhomond, au-dessus de la porte d'entrée de la chapelle.

lieutenant général de la police, et fut bénite par Mgr Henri
Hachette des Portes évêque de Glandève, en présence de
Madame la duchesse de Nivernais et autres personnages
de considération, MM. Becquet, J.-M. Duflos, Deglicourt,
Charles-Marie Pichon, directeurs, Chalgrin, architecte, Mangin, entrepreneur. Les travaux furent poussés activement.
La bénédiction de la chapelle se fit en grande solennité
par Mgr de Bonald, évêque de Clermont, le 16 juillet
1780.

Dès le milieu de 1782, tous les travaux étaient achevés.
Mais étaient-ils soldés ? Bien loin de là. De graves événements s'étaient produits en ces dernières années. Ce fut d'a-
bord la guerre de l'Indépendance américaine, qui, en pe-
sant lourdement sur notre marine, ne permit pas à M. de
Sartines de continuer ses libéralités. Qui plus est, à la
date du 14 octobre 1780, le Roy qui, pourtant, connaissait
mieux que personne tout le mérite, et la parfaite intégrité de
son ministre de la marine, eut la faiblesse de le sacrifier aux intrigues d'un ambitieux utopiste, le trop fameux
Necker.

L'année suivante, 12 décembre 1781, le Séminaire perdit
le plus dévoué de ses bienfaiteurs, Mgr Christophe de
Beaumont. Et c'est en ce moment que M. Becquet et les
Directeurs se trouvèrent en face de Mémoires écrasants, Graves embarras financiers.
sans ressources, et enfin menacés de poursuites, voire
de la vente des immeubles. Il fallut s'armer de courage, et
recourir encore à M. Bertin, puis à M. de Castries, suc-
seur de M. de Sartines à la marine. Ce dernier fit faire
une enquête et signifia à M. Becquet qu'il n'avait pas à
compter sur lui. C'était trop facile à dire, moins facile à
faire accepter de M. Becquet, au moment où la Marine lui
imposait l'envoi de 21 prêtres à la fois dans la seule
colonie de la Guyane. Aussi M. de Castries dut-il se ravi- La liquidation des Célestins.
ser : il proposa une conférence à laquelle il appela, avec
M. Becquet, Mgr de Juigné, le nouvel archevêque de Paris,
Mgr Marbœuf, évêque d'Autun, qui avait la feuille des
bénéfices, et quelques autres personnalités. La conclusion
de cette conférence fut que, sur la proposition de Mgr de
Juigné et du consentement de Mgr de Cicé, archevêque de

Bordeaux, agent général du clergé de France, le Roi prélèverait sur les biens en liquidation des Célestins (1), un premier subside de 30.000 livres à verser tout de suite aux créanciers, puis 20.000 livres par an pendant cinq ans, soit un total de 130.000 livres, avec le solde ajouté sous M. Dufios, 18.453 livres, en tout 148.453 livres.

En résumé, le séminaire avait coûté :

1° Acquisition.	36.000 liv.
2° Construction de la 1re aile par M. Bouic.	95.000 liv.
3° Matériaux extraits des carrières pour cette aile	35.000 liv.
4° Matériaux extraits pour les autres constructions.	55.000 liv.
5° Versements de M. Bertin sur les loteries de piété.	107.000 liv.
6° Subsides de la Marine, de M. de Sartines.	45.575 liv.
7° Dons divers des particuliers.	25.000 liv.
8° Sur les biens en séquestre des Célestins.	148.453 liv.
Soit au total.	547.028 liv.

N. B. — Seuls les crédits de la Marine, 45.575 sur 547.000 livres, soit un dizième, provenaient du Gouvernement.

II. — LES MISSIONS

Les Missions, « tant en France qu'à l'étranger », étaient toujours entrées dans les vues de M. des Places et de M. Bouic. Le premier « brûle du désir d'aller sacrifier sa vie au salut des Sauvages » (2). Le second envoie des Missionnaires et dans l'Amérique septentrionale et dans l'Extrème-Orient.

 Ces derniers, leurs études terminées au séminaire du Saint-Esprit, partaient pour la Chine, la Cochinchine, le Siam, le Tonkin et l'Indoustan. François Pottier, de Tours,

1. Les Célestins de Paris, ainsi appelés de saint Pierre Célestin, leur réformateur, en 1294, furent supprimés par brefs de Clément XIV en 1776 et de Pie VI en 1778. Leurs biens, mis sous le séquestre, étaient administrés par une commission dont de Cicé était président.

2. Notice du Fondateur, par M. Thomas.

évêque d'Agathopolis, et vicaire apostolique du Su-Tchuen, joue un rôle prédominant dans l'évangélisation de la Chine au XVIIIe siècle et y remplit un apostolat des plus féconds, de 1751 où il quitta le séminaire du Saint-Esprit à 1792, où il mourut. Pierre-Antoine Blandin, d'Amiens, d'abord missionnaire au Tonkin, devient directeur au Séminaire des Missions Étrangères, et meurt à Londres en 1801. Il était neveu de M. Becquet. Jean-Charles Perrin, du diocèse de Besançon, part pour les Missions des Indes Orientales, où il travaille vingt ans. Rentré en France en 1786, il publia divers ouvrages sur l'Inde, devint chanoine de Bourges, puis vicaire général de Fréjus. Guillaume Rivoal, du Quilliou, revient, après trente années de travaux apostoliques, 1733-63, en Cochinchine, mourir de ses infirmités, en 1769, à Gourin.

Plus nombreux encore furent les sujets fournis par le séminaire du Saint-Esprit, pour les Missions de l'Amérique Septentrionale groupées alors sous la juridiction de l'évêque de Québec. Dirigés par les Jésuites, qui ont des Missions au Canada, puis au Mississipi, les prêtres ordonnés au séminaire du Saint-Esprit y suivent volontiers leurs maîtres, et « se répandent de là dans l'Acadie, le Cap Breton, les Iles du golfe Saint-Laurent, Terre-Neuve, la baie d'Hudson, « pour évangéliser les colons, les marins français, les *Mics-Macs* et autres sauvages ». Et « c'est pour reconnaître les services que ces missionnaires ont rendus et rendent encore dans son vaste diocèse de Québec, que Mgr Dosquet passe donation au séminaire du Saint-Esprit de sa propriété de Sarcelles » (1752). Douze années plus tard, M. Becquet écrivant à M. Bertin peut lui dire que « sa Congrégation a formé depuis 30 ans presque tous les missionnaires qui ont été employés en Acadie et parmi les sauvages de cette presqu'ile. On sait que M. Le Loutre n'est pas des moins méritants d'entre eux... »

Voici maintenant le témoignage rendu à ces missionnaires par M. l'abbé de l'Isle-Dieu, écrivant à la date de 1771 à Son Em. le cardinal Castelli, préfet de la Propagande : « Pendant 38 ans que j'ai été chargé, en qualité de vicaire général, de toutes les Missions françaises et sauvages de l'immense diocèse de Québec, je n'ai jamais fait passer que des sujets formés au séminaire du Saint-Esprit. Tous et toujours ont dépassé mes espérances, sans que jamais aucun se soit démenti » (1). Le même personnage écrit encore en 1786, au cardinal Leonardo Antonelli, successeur du cardinal Castelli : « M. Bourg, élève du séminaire du Saint-Esprit, et né dans l'Acadie, y fait les fonctions de vicaire général, avec résidence à Halifax; M. Le Roux l'est aux îles de la Madeleine; M. Donat à la baie des Chaleurs et à l'Isle Saint-Jean ».

En 1766, à la demande du gouvernement français, la S. Congrégation de la Propagande détache de la juridiction de Québec les petites îles de Saint-Pierre et Miquelon, pour les constituer en Préfecture apostolique sur les recommandations de l'abbé de l'Isle-Dieu, qui porte le titre d'*Aumônier général des Colonies*. A la demande de M. de Choiseul-Praslin, ministre de la Marine, la S. Congrégation de la Propagande confie cette Mission au séminaire du Saint-Esprit. On voit ici se créer une situation nouvelle qui aboutira à charger le séminaire du Saint-Esprit du service religieux des Colonies françaises avant et après la Révolution. On nomma à Saint-Pierre et Miquelon M. Joseph-François Becquet, préfet apostolique, et M. Paradis, vice-préfet. Le troisième prêtre, M. Bouguet, ne s'y rendit qu'en 1775.

En 1778, une escadre anglaise canonna les îles, qui sont pillées et incendiées, avec une grande partie des habitants massacrés. Le reste, sous la conduite de leurs deux missionnaires, rentre tristement en France. Les îles sont restituées par le traité de Versailles, 1783. Les habitants y rentrent, la mission reprend. On rebâtit les églises de Saint-Pierre et de Miquelon, ainsi qu'une chapelle à l'île-aux-Chiens; elles sont desservies par trois prêtres jusqu'à la Révolution. Le préfet apostolique était l'abbé de Longueville, qui tint ferme à ses devoirs. Il eut aussi la triste mission de ramener en France ses ouailles lors de la reprise des îles par les Anglais en 1793. La paix d'Amiens (1802) les rendit à la France; mais elles furent reprises l'année suivante pour n'être rétrocédées qu'en 1814.

La Guyane, comprenant tout le pays situé entre l'Oréno-

que et les Amazones, fut explorée et occupée, sur l'ordre de
Henri IV par l'amiral La Ravardère, en 1604. A travers
des fortunes diverses, Français, Anglais, Portugais, Hol-
landais et Espagnols se la disputèrent pendant plus d'un
siècle et finirent par se la partager.

Les premiers missionnaires de la Guyane française ont
été les Capucins (1640). Les Jésuites y arrivent en 1666
et se répandent de Cayenne à l'Oyapock, et vont évangéliser diverses tribus d'Indiens. De cette date à la suppression de la Compagnie en France (1664, et à leur départ
définitif de la Guyane (déc. 1668), elle y a envoyé cent
onze de ses missionnaires les plus vaillants. Leur départ
fut le signal d'une désorganisation qu'il eût fallu prévoir,
qu'il eût été sage et facile d'empêcher, à laquelle, après
140 ans, on n'a pu encore remédier (1). On songea à remplacer les Jésuites par d'autres religieux, des Prémontrés,
des Dominicains, puis par des prêtres séculiers ; ce fut sans
succès. C'est alors que Mgr de Beaumont et l'abbé de l'Hô-
Dieu, qui avaient pu apprécier les travaux des prêtres du
séminaire du Saint-Esprit dans les Missions de l'Amérique
septentrionale, portèrent le ministre de la Marine, M. le
comte de Praslin, puis M. de Sartines, qui ne les appré-
ciait pas moins, à les charger du service religieux de la
Guyane. M. le Ministre fit en effet, en 1775, à M. Becquet,
la demande d'un Préfet apostolique, d'un vice-Préfet et de
18 prêtres pour les cures, les Missions, l'hôpital et le collège de Cayenne (2). On pressait le bon Supérieur d'envoyer là des membres mêmes de sa Congrégation. Le Ministère mettait à sa disposition des propriétés importantes qui
assureraient des revenus à l'œuvre du Séminaire : il y ajou-
tait des subsides de l'Etat. En 1778, M. Becquet voulut bien
tenter un essai, et envoya à la Guyane deux prêtres de la
Société : MM. Deglicourt et Bertout, qui allèrent faire un
triste naufrage sur les côtes du Sahara. Cet échec affecta
d'autant plus M. Becquet que, pour compléter le cadre de-

1. Voir les rapports de M. de Friedmont, gouverneur, de M. Lacroix, ordonnateur. Le Mémoire de ce dernier est du 15 mai 1775.

2. Les lettres patentes du roi ne sont néanmoins que de juillet
1777. Elles ont été données après une juste entente avec la S. C. de
la Propagande.

mandé de 20 prêtres, il dut recourir à des sujets étrangers au séminaire, animés d'un esprit bien différent; ces derniers pourtant furent toujours la minorité.

Dès novembre 1775, M. Becquet envoie quatre prêtres à Cayenne, entre lesquels MM. Robillard, qui a le titre de Préfet apostolique, Radel, celui de vice-Préfet; ils y rencontrent un ancien Jésuite qui s'est attaché aux Missions indiennes, le P. Bodilla. Quatre autres partent en février 1776, MM. Fulconis, Le Maire, Mercier et Jacquemin. Ce dernier n'a pas été élevé au St-Esprit. Il a du reste un certain âge et une ambition qui lui sera fatale. Nous trouvons encore MM. Boursin et Billon, qui s'embarquent en 1782, MM. Le Grand, appelé à rendre d'importants services à la cause de Jésus-Christ, Brébion et Breton; MM. La Noë, Hérard, Moranville, du Coudray, Rebours, Duhamel, Riessé, Hochard, Desombris, Boissé, Poncelet, Bellanger, Toutin, Fargue, arrivent à des dates diverses. Les Gouverneurs de la Guyane, MM. de Fredmont, de Besnes, de Fitz-Maurice, leurs ordonnateurs, MM. de Lacroix, Malouet, Préville, Lescalier n'ont cessé, dans leurs rapports officiels, de rendre les hommages les plus élogieux aux vertus et aux mérites des Missionnaires, même dans les conflits que ne manquait pas de susciter l'application de règlements empreints de l'esprit régalien si opposé à la discipline canonique que les Préfets ne pouvaient en conscience s'y soumettre. Un règlement de 1763 — époque néfaste des Choiseul, de Voltaire et de la Pompadour — prétendait interdire toute fonction ecclésiastique aux Préfets apostoliques avant d'avoir reçu leurs « lettres d'attache »: soumettre la nomination des curés, voire des missionnaires, et tous les actes de l'autorité ecclésiastique, jusqu'à la fixation des temps et des lieux des visites pastorales, au contrôle des Gouverneurs et ordonnateurs. En vrais et courageux défenseurs des droits de l'Eglise, MM. Robillard et Radel luttèrent dans la pratique contre ces prétentions régaliennes, et furent toujours soutenus par M. Becquet auprès du ministère. Leur vie n'en fut pas moins abreuvée d'amertumes, au point que le premier se démit en 1780, le second mourut à la fleur de l'âge, en 1786. Malheureusement, leur successeur fut M. Jacquemin, que ses complaisances pour le Pouvoir, plus que ses mérites, appelèrent à ces hautes fonctions. Il obtint même du nonce Leonardo Antonelli le titre de Protonotaire apostolique. Son vice-Préfet était le saint abbé La Noë, dont le zèle et la charité renouvelaient auprès des tribus indiennes du Macari les merveilles des Jésuites. Il était secondé par l'abbé Moulin dans le Conani et l'abbé Breton, qui avait succédé au P. Bodilla dans la Mission de Saint-Paul. Ces missionnaires avaient appris la langue des sauvages Galibi, et vivaient au milieu des Indiens qu'ils amenaient à la civilisation et à la vertu. Telle n'était pourtant pas l'opinion de Malouet. Pour lui, il n'y avait rien à faire avec ces sauvages, sinon à tirer parti de leurs bras pour la colonisation. A quoi bon alors des missionnaires ? « Réduisons le nombre de ces derniers. Avec douze prêtres et 20.000 liv. j'en ferai autant qu'avec 20 prêtres et 32.000 livres. » Pour Malouet, la colonisation n'est qu'une affaire de budget : ne le sortez pas de là, Malouet est un chiffre. C'est aussi une unité. Tous les autres administrateurs n'ont cessé, jusqu'en 1790, de réclamer non seulement le maintien, mais l'augmentation des missionnaires. Quand viennent les jours mauvais, M. Duflos, supérieur général de la Congrégation du Saint-Esprit, dans ses efforts pour sauver sa Congrégation, pourra faire appel et aux rapports officiels, et au témoignage du Commissaire général Lescalier, à l'effet de démontrer l'utilité, les services rendus, l'action bienfaisante et civilisatrice des prêtres du Saint-Esprit, notamment dans les Missions de la Guyane. L'abbé de Beauregard en son livre sur la déportation de Cayenne, s'émeut au récit des vertus du saint abbé La Noë, mort en odeur de sainteté, en 1791. Il faut citer son témoignage : « Parmi ces missionnaires du Saint-Esprit, il s'en est trouvé plusieurs d'un grand mérite. L'un d'eux mourut avec la réputation d'un saint. De mon temps (1799), les nègres chargés de creuser les fosses, s'avisèrent d'en faire une dans le quartier où étaient ensevelis les missionnaires, et ce lieu est désigné par une croix que la Révolution a respectée. Ils trouvèrent un corps sans corruption, pas même du suaire qui l'enveloppait. Saisis d'une terreur religieuse, ils prirent la fuite. Le fait fut constaté, mais l'agent ordonna sur-le-champ de fermer cette fosse. C'était le corps de M. La Noë ».

Quand éclate la Révolution, Mgr Jacquemin est élu président de l'Assemblée coloniale, et sans la moindre difficulté, il prête serment à la Constitution civile du clergé. Son exemple entraîne quatre autres missionnaires, dont deux ne tardent pas à se rétracter. Le grand nombre demeure fidèle, sous l'influence heureuse de M. Le Grand, que Rome investit du titre de Préfet, à la place de Jacquemin destitué qui s'obstina et finit tristement.

Le Commissaire général, Frédéric Guillot, envoyé à Cayenne en septembre 1792, ne le soutint même pas, démontrant au contraire que rien n'obligeait les Missionnaires à prêter serment, les Colonies n'étant pas astreintes aux lois de la Métropole. Les prêtres fidèles purent donc continuer leur ministère, mais ce ne fut pas pour longtemps. En 1793, la Convention envoie à Cayenne, en qualité de commissaire le féroce Jeantet, qui, en digne neveu de Danton, s'empresse de proscrire les prêtres et les deux Religieuses qui dirigent l'école ; mais il ne réussit pas à expulser celles qui soignent les malades à l'hôpital. Le 3 mai 1793, M. Le Grand et cinq de ses confrères sont bannis, et se retirent, le Préfet à la Martinique, MM. Hérard et Duhamel vont évangéliser les îles danoises de Saint Thomas, Sainte-Croix et Saint-Jean, où M. Hérard sera même vicaire général ; les autres passeront en Amérique où se rend aussi plus tard M. Berton, puis M. Moranvillé, qui bâtira l'église Saint-Patrice à Baltimore. (1) D'autres ont passé en France en 1790 ou sont morts, de sorte qu'il ne reste plus de prêtres dans la Guyane lorsqu'arrivent, en 1795, les

1. A sa mort, arrivée en 1824, son successeur, à la tête de la paroisse de Saint-Patrice, fit placer dans l'église une plaque de marbre avec cette inscription :

I. H. S.
Consacré à la mémoire de
Le bon Moranvillé
L'ami des pauvres, le consolateur des affligés
et pendant 20 ans le bien-aimé pasteur
de cette Congrégation.
A Amiens (France) il rendit son âme
à Dieu, le 17 mai 1821.
R. I. P.

premiers déportés politiques, Barthélemy, Pichegru, Collot-d'Herbois .puis en 1798. les prêtres fidèles qui meurent en vrais martyrs ou confesseurs de la foi, à Cayenne, à Conanama, à Sinnamary.

Le traité désastreux de 1763 laissait Saint-Louis du Sénégal aux mains de l'Angleterre. Gorée, rendue à la France, eut un curé en la personne de M. de Manet, qui meurt de la fièvre jaune en 1779. C'est précisément alors que la Providence jette sur les côtes du Sénégal, d'une façon bien tragique, deux prêtres de la Congrégation du Saint-Esprit, MM. Deglicourt et Bertout. Embarqués pour Cayenne sur la « Mère de Famille » (juillet 1778), ils font un triste naufrage précisément sur ce banc d'Arguin qui, 39 ans plus tard, en 1816, sera de nouveau funeste à « la Méduse ». Tombés au pouvoir des Maures pillards du Sahara, ils sont dépouillés, maltraités, réduits en esclavage, puis, après un pénible voyage de 55 jours à travers ces affreux déserts, ils sont vendus à Saint-Louis au gouverneur anglais, Sir Clarke. Accueillis avec des transports enthousiastes par les catholiques qui sont sans prêtre, ils ne peuvent obtenir du Gouverneur la liberté de dire la messe. « Nous vous avons bien promis et juré la liberté de votre religion, disait aux catholiques de Saint-Louis le représentant de la libérale Angleterre : mais d'avoir jamais une église et des prêtres, n'y pensez pas ». L'ancien maire de Saint-Louis sous les Français, M. Thévenot, était le chef autorisé de la chrétienté et groupait chaque dimanche les fidèles en sa maison. On y célébrait la « messe sèche ». MM. Deglicourt et Bertout purent recevoir leurs justes doléances et se chargèrent de les faire parvenir au ministre de la Marine, qui était alors M. de Sartines. Ils purent lui remettre aussi, à leur rentrée en France, les plans des fortifications de Saint-Louis avec les points forts et surtout les points faibles, soigneusement étudiés, et enfin l'assurance que dès l'apparition du drapeau français, tous les habitants viendraient se ranger sous ses plis. Le Ministre n'hésita pas. Dès le 25 décembre 1778, une légère escadre appareilla à Lorient pour le Sénégal, sous les ordres de l'amiral de Vaudreuil. A bord se trouve le duc de Lauzun, nommé Gouverneur du Sénégal, et M. Deglicourt pour Préfet apostolique, qui est accom-

pagné de son confrère, M. Séveno, destiné à Gorée. Saint-
Louis est facilement enlevé par les Français (1), et les catholiques de l'île sont émerveillés de revoir au milieu d'eux
leur ancien libéré devenu leur libérateur, M. Deglicourt.
C'est dans les appartements de M. Thévenot que le *Te Deum*
solennel est chanté. Puis est rendue au culte l'ancienne chapelle de Fort-Saint-Louis. M. Deglicourt demeure à la tête
de la Mission en qualité de Préfet apostolique jusqu'en
1782. A cette date, M. Becquet lui donne pour successeurs
d'abord M. l'abbé de Maffrand, qui n'avait pas passé par le
séminaire du Saint-Esprit et ne put tenir au Sénégal, puis
M. Coste, Préfet apostolique, qui se fixa à Gorée, et M.
Page, vice-Préfet, qui demeura à Saint-Louis. M. Coste,
excellent missionnaire, alla porter le saint Evangile sur la
côte africaine à Rufisque, en Gambie, et surtout à Joal,
où il mourut en 1784. Les chrétiens n'ayant pas de
planches pour fixer son cercueil, y employèrent la porte
de sa case et l'enterrèrent pieusement, se réservant son cru-
cifix. Le même jour vint débarquer et mourir à Joal un autre missionnaire, l'abbé Chevallier, qui s'était épuisé dans
la Mission d'Albreda. Les chrétiens, de plus en plus embar-
rassés pour l'ensevelir, ne crurent mieux faire que de creuser et rouvrir le cercueil de M. Coste et d'y mettre son confrère avec lui.

En 1786, arrive au Sénégal un abbé Charbonnier, qui
fut curé de Saint-Louis jusqu'à la Révolution. Il prêta
le serment à la Constitution, devint ainsi curé constitutionnel, puis, en 1794, simple greffier de l'Etat civil et mourut
en 1802.

III. — DERNIERS ACTES ET MORT DE M. BECQUET

On voit, par tout ce qui précède, que M. Becquet avait
beaucoup travaillé, beaucoup accompli, et avec peu de
ressources, pour sa Congrégation et pour les Missions.

---

1. On a remarqué que les trois points qui sont considérés à bon
droit comme les clefs de l'Afrique, savoir Saint-Louis du Sénégal,
la rade de Dakar et l'estuaire du Gabon, ont été remis aux mains
de la France par les Pères du Saint-Esprit.

Il ne put néanmoins répondre à toutes les demandes que lui attirait la confiance générale, inspirée par les bonnes doctrines et la réputation de zèle et de dévouement apostoliques de « ces Messieurs du Saint-Esprit ». Il fut notamment sollicité d'envoyer des prêtres en Corse pour la direction du séminaire et d'autres œuvres, comme aussi à Constantinople, où un vaste champ s'ouvrait alors à l'apostolat. Son regret de ne pouvoir répondre à ces appels fut d'autant plus vif que de pareils travaux correspondaient pleinement à ses plus ardents désirs.

« Le 14 octobre 1788, ce digne Supérieur alla recevoir au ciel la récompense de ses labeurs, de ses luttes et de ses souffrances acceptées et endurées courageusement pour l'amour de Dieu, les progrès de sa Congrégation, et les œuvres des missions au loin ».

CHAPITRE V.

M. JEAN-MARIE DUFLOS, 5ᵉ SUPÉRIEUR

(6 novembre 1788 — 18 août 1792 — 28 février 1805)

M. Jean-Marie Duflos naquit le 10 juillet 1726, à Frenck, au diocèse de Boulogne. Déjà son frère, M. Jacques Duflos, l'avait précédé dans la Société. Il succéda à M. Caris en qualité de procureur, et mourut le 26 août 1771. Il doit avoir été inhumé au caveau du séminaire. Leur sœur Benoîte était la mère de M. Bertout.

M. J.-M. Duflos entre en philosophie à la rue des Postes, le 10 octobre 1742, il a 16 ans et 3 mois. Il est reçu membre de l'Association le 4 juillet 1750. Il a 62 ans lorsque le choix de ses confrères l'appelle à succéder à M. Becquet. Le Chapitre se tint à Paris le 5 novembre 1788; Les électeurs étaient MM. Pierre-Thomas Rupalet, Jean-Marie Duflos, Claude Gondré, Charles-Marie Pichon, Jacques-Madeleine Bertout et Michel-Louis Fréchon. Mgr de Juigné confirma sur-le-champ cette élection. M. Duflos jouissait déjà de la confiance de Mgr de Beaumont et de Mgr de Juigné, qui l'avaient, l'un et l'autre, nommé confesseur du Carmel de la rue de Grenelle. Là, nombre de personnes de haut rang venaient recourir à ses lumières. Citons Madame la comtesse de Villefort, riche propriétaire de Saint-Domingue et bienfaitrice du séminaire. Déjà elle avait obtenu de M. Becquet deux prêtres pour instruire ses esclaves, lesquels s'élevaient à plusieurs centaines, sur ses colonies sucrières.

La première préoccupation du nouveau Supérieur fut de liquider le reliquat de dettes qui grevaient encore le séminaire. et s'élevaient à la somme de 18.423 livres. Elles provenaient des intérêts des Mémoires et des frais de la construction du pavillon de l'Horloge. La supplique au roi, appuyée par Mgr de Juigné, obtint son plein effet; et M. Gambart, régisseur des biens des Célestins, versa entre les mains de M. Pichon, procureur du séminaire, la somme qui éteignit toutes les dettes.

I. — CONFISCATION ET SUPPRESSION

Dès l'ouverture des Etats Généraux, 5 mai 1789, on y voit éclater l'esprit révolutionnaire qui va couvrir la France de ruines et de sang. Les 4-5 octobre, Déclaration des Droits de l'homme; le 12 août, suppression des dîmes ecclésiastiques; le 2 novembre, l'Assemblée Nationale décrète que tous les biens ecclésiastiques sont mis à la disposition de la Nation. C'est la confiscation; et afin que rien n'y échappe, un décret du 13 novembre, rendu sur la motion du triste évêque d'Autun, Talleyrand, exige de tous les Supérieurs des maisons et établissements ecclésiastiques, sans aucune exception, une déclaration détaillée de tous les biens mobiliers et immobiliers, ainsi que de leurs revenus et charges; le lendemain 14, un nouveau décret ajoute les livres et manuscrits des bibliothèques et archives. Pour obtempérer à ces décrets, comme aussi dans le but de soustraire, s'il était possible, le séminaire et ses biens, si modestes fussent-ils, à la rapacité de la Révolution, M. Duflos et ses confrères dressèrent un rapport lumineux et détaillé sur l'œuvre, qu'ils remirent aux autorités, sous la date du 25 février 1790. Ce rapport fait surtout ressortir la pauvreté du séminaire, son but tout de charité, les services importants qu'il a rendus et qu'il peut rendre encore à l'Eglise de France, aux Missions, aux Colonies. Il ne paraît pas qu'aucune réponse ait été faite à cet exposé. Les directeurs résolurent alors de lui donner un caractère plus officiel en l'adressant, la même année 1790, « à Nos Seigneurs de l'Assemblée Nationale ». Cette pièce est appuyée d'un certificat le plus élogieux de M. Lescalier, commissaire général, ancien ordonnateur de la Guyane, attestant les services signalés des Missionnaires (25 mars 1790).

La suppression. M. Duflos renouvela pour la troisième fois la même tentative de sauvetage auprès de l'Assemblée Législative, en 1792. La réponse fut le décret de cette dernière Assemblée du 18 août, supprimant tout institut religieux et nommément la Congrégation du Saint-Esprit, qui le fut même doublement, une fois sous ce nom, une seconde fois sous le nom de « Boucs », qui indiquait bien la griffe des Jansénistes.

Le séminaire envahi. Le 19 août, le séminaire est envahi par des bandes armées. C'était un dimanche, entre 6 et 7 heures du soir. Des milliers de sans-culottes, armés de piques, débouchent par la rue de l'Arbalète et la rue des Postes, tambours battants, et précédés d'une pièce de canon qu'ils braquent devant la porte du séminaire. Ils y laissent des gardes, poursuivent leur marche jusqu'à la rue du Cheval-Vert, et entrent chez les Irlandais. Ils n'y trouvent que les domestiques, maîtres et élèves sont à la campagne. Ils se replient sur la rue des Postes et envahissent le n° 20 qui est le demeure des Eudistes (1). Ils y arrêtèrent 22 de ces Messieurs, entre autres le R. P. Hébert, confesseur de Louis XVI. Là vivaient, outre les Religieux de la maison (Eudistes), les Directeurs de leurs séminaires de Normandie et de Bretagne qui, chassés de chez eux, s'étaient repliés sur Paris, de plus, un groupe de prêtres qui prenaient pension dans cet établissement. Ceux que l'on arrêta furent conduits aux Carmes et à Saint-Firmin, où ils périrent pour la plupart dans la nuit du 2 au 3 septembre. Entre 10 et 11 heures du soir, les sans-culottes passent au séminaire, en escaladant le mur qui sépare des Eudistes. « Nous venons, disent-ils chercher les armes cachées ici ». Puis ils demandent à commencer leurs perquisitions par la cave. Un domestique les y conduit et ils boivent à discrétion. D'autres, pendant ce temps, fouillaient la maison dans tous les sens. Enfin, vers 11 heures du soir, ils se retirent.

Les angoisses. Après avoir passé par les plus terribles angoisses et s'être préparés à la mort, les Directeurs et les séminaristes

1. Aujourd'hui « Ecole Sainte-Geneviève » tenue naguère par les Jésuites, maintenant par des prêtres et des professeurs séculiers.

s'embrassent dans leur joie d'avoir échappé au péril. Leurs actions de grâces à Dieu redoublent, lorsque quelques jours plus tard ils apprennent avec horreur le massacre de leurs voisins (2 septembre). Alors M. Duflos fait quitter à tous l'habit ecclésiastique. Le 13 septembre, les barrières de Paris se rouvrirent et la plupart en profitèrent pour se retirer en lieu sûr, jusqu'à ce que tout danger eût disparu. Il ne reste plus au séminaire que MM. Duflos, Pichon, Rupalet et Boudot, directeurs, avec M. Guérin, déjà prêtre, M. Lainé et un autre séminariste de Meaux.

II. — BUDGETS DU SÉMINAIRE EN 1789-1792

Au moment où éclate la Révolution, le séminaire compte quatre-vingt-dix personnes à entretenir, savoir sept directeurs, quatre-vingts séminaristes et trois domestiques. En adoptant pour l'entretien de chacun un chiffre moyen de 400 livres, cela donne   36,000 livres.

Voici en outre les charges qui grèvent l'œuvre :

Fondations à acquitter	1.050^l
Sacristie	450
Médecin et chirurgien	240^l
Cuisinier et garçon cuisinier	200^l
Entretien de la vaisselle (d'étain)	36^l
Chaudronniers, couvreurs, vitriers, maçons, serruriers, ramoneurs	677^l 2^s
Au domaine du Roy	24^l
A M. de Ste-Geneviève, droits seigneuriaux	1^l 3^s 1^d
A la ville pour redevance d'un bout de rue	12
Aumônes en argent aux pauvres	130^l
Ports de lettres	220^l
Rentes perpétuelles	400^l
Rentes viagères	1.160^l

A reporter 40.588^l 17^s 1^d

Report 40.588 l 17 s 1 d

Charges de Gentilly :

Charges fiscales   9 l 15 s 1 d
Entretien, fumier, outils   2.000 l
Jardinier et logement   700 l
Cheval   300 l
Dîme au curé   5 l
Droits seigneuriaux, outre un
  bouquet   5 l

Total du passif   43.608 12 2

L'actif se compose de :

Montant moyen des pensions,
  quelques-uns payant 100 l.
  et au-dessous   5.000 l
Sur les grandes aumônes, let-
  tres patentes de 1726   600 l
Sur la cassette du Roy Louis
  XV, continué   400 l
Sur la cassette du Roy Louis
  XVI   864 l
Assemblées du Clergé de France 2.300 l
Du Ministre de la marine   9.833 l
La ville de Paris et États de
  Bretagne   8.600 l
Revenus de Sarcelles 2.933 6 6.
  Gentilly   410   3.343 l 6 s 6
Saint Ministère et honoraires
  de messe   2.800 l

Total   33.740 l 6 s 6

C'était donc une dizaine de mille livres à puiser chaque année dans les trésors de la charité privée.

Les États de M. Pichon, procureur, accusent pour l'année 1792, alors que le chiffre des séminaristes est réduit à 18 :

En dépenses.   15.223 l 17 s 9
En recettes.   13.148 l 13 s
Soit un déficit de   2.075 l 4 s 9

Bibliothèque : Elle contenait :

Volumes in-folio, environ	1.200
in-4°.	1.500
in-8°.	640
Autres.	6.918
Total.	8.5240

Les scellés mis sur la bibliothèque dès le commencement de 1792 y furent maintenus, en dépit des justes réclamations des Directeurs, et s'y trouvaient encore lors de la mise en location des bâtiments en 1793. Les archives furent transportées au dépôt des Archives nationales.

III. — LES SERMENTS

1. *Constitution civile du Clergé*. — Dans sa séance du 12 juillet 1790, l'Assemblée nationale avait voté la Constitution civile du Clergé, que Louis XVI eut la faiblesse de sanctionner, après de longues hésitations, à la date du 26 décembre. Elle était schismatique, et le Pape Pie VI la condamna par les brefs du 10 mars et du 13 avril 1791. Mais avant cette condamnation canonique, la conscience du clergé fidèle l'avait repoussée. Tous les évêques et curés sont astreints à prêter serment à cette Constitution civile du Clergé, et, par décret du 27 novembre sanctionné aussi le 26 décembre, cette obligation est étendue aux Supérieurs et Directeurs de séminaires, sous peine d'être poursuivis comme rebelles à la loi, privés de leurs traitements, déchus de leurs droits de citoyens. Tous les prêtres du Saint-Esprit et leurs élèves refusèrent sans hésiter de prêter ce serment. Une première réponse du Gouvernement à cet acte courageux fut la suppression de l'allocation de 10.000 livres faite par la Marine au séminaire, en faveur du clergé destiné à la Guyane française.

2. *Serment d'égalité*. — Le 14 août 1792, le roi est prisonnier au Temple et sa déchéance va être prononcée. En 1789 a commencé l'ère de la liberté ; en 1792, celle de l'é-

galité. Un décret de l'Assemblée du 15 août exige de tous les fonctionnaires le serment « d'être fidèles à la Nation et de maintenir de tout leur pouvoir la Liberté et l'Egalité, ou de mourir pour les défendre ». Le décret du 18 août étend cette obligation du serment aux Congrégations séculières, et aux pensionnaires ecclésiastiques, sous peine d'être privés de leurs allocations. Les prêtres demeurés à Paris se partagèrent d'opinion sur la légitimité de ce serment. Le plus grand nombre se rangèrent à l'avis de M. Emery et des vicaires généraux et le prêtèrent. MM. Duflos, Rupalet et Pichon furent de ce nombre. Rome a plutôt improuvé ce serment, mais sans faire aucune obligation de le rétracter.

3. *Déclaration de fidélité à la Constitution de l'an III.* — Tout prêtre qui voulait exercer librement son ministère dans l'une des églises de Paris désignées pour le culte, devait formuler la déclaration suivante :

Je reconnais que l'universalité des citoyens français est le souverain, et je promets soumission et obéissance aux lois de la République ». Cette reconnaissance n'était pas une adhésion au faux « dogme de la souveraineté du peuple », mais au fait que le pouvoir était alors en France aux mains du peuple. Dans ce sens, il n'y avait rien que de légitime à obéir au pouvoir établi. M. Pichon, qui exerçait un ministère des plus fructueux dans le quartier latin, se prêta sans scrupule à cette déclaration, et peut-être aussi M. Boudot. M. Duflos, retenu par ses infirmités qui ne lui permettaient aucun ministère, n'eut pas à souscrire à cette formule.

4. *Haine à la Royauté.* — Le Directoire, comme la Convention et les Assemblées Législative et Constituante, voulut avoir aussi son serment. Il l'imposa par la loi du 19 fructidor an VI (5 septembre 1797) en ces termes : « Je voue haine à la royauté et à l'anarchie, et je jure attachement et fidélité à la République et à la Constitution de l'an III ». Toujours pour conserver la liberté de son ministère à Paris, M. Pichon prêta encore ce serment le 29 vendémiaire an VI (20 octobre 1897), mais dans le sens fort restreint et acceptable que lui avait donné le député Chol-

＿ 57 ＿

let au Conseil des Cinq-Cents. Il ne s'agissait plus que du
serment de conserver à la France la forme républicaine
de gouvernement. Ce serment fut condamné à Rome (rescrit du 24 septembre 1798, *ad Grassen*). Pie VII et son
légat Caprara exigèrent la rétractation de ceux qui l'a-
vaient prêté, même dans la bonne foi. Nul doute que M.
Pichon, qui fut toujours un prêtre exemplaire, n'ait satis-
fait à ces exigences.

5. *Constitution de l'an VIII.* — Le 18 Brumaire an VIII
(9 novembre 1799), Bonaparte a fait son coup d'État. Une
Constitution nouvelle est votée sous le nom de Consulat. Un
arrêté des Consuls, en date du 20 nivôse (10 janvier 1800),
remplace tous les anciens serments par celui de fidélité à
la Constitution de l'an VIII, que MM. Pichon et Boudot prê-
tent à Paris, peut-être même M. Duflos, certainement M.
Deglicourt, qui rentre d'Oléron à Meaux, voire M. Bertout
qui s'empresse de rentrer d'Angleterre avec le flot des émi-
grés.

IV. — LA DISPERSION EN 1792

Sur l'état du personnel fourni par M. Duflos pour obtempérer au décret du 18 août 1792, figurent les dix membres
de la Société du Saint-Esprit, dont voici les noms : MM.
Duflos, supérieur général, Rupalet et Gondré, assistants, Pichon, procureur, Fréchon, Deglicourt, Boudot, Persent, Bourgin et Bertout. M. Gérard, de Beauvais, venait de mourir en
1792. Il convient de leur associer M. Guérin, prêtre du
séminaire, qui ne quitta pas la rue des Postes tant que dura
la tourmente. Des dix cités ci-dessus, deux émigrent, M.
Bertout en Angleterre, M. Bourgin à Rome où il mourut
en 1814. Trois s'échappèrent de Paris pour se retirer dans
leurs diocèses, MM. Gondré, Fréchon et Persent. M. Rupalet tint à Paris, logé au séminaire, jusqu'en 1797. Il se
retire alors à Meaux. Mais il est bientôt arrêté et jeté en
prison. Tombé gravement malade, il est, par ordre du mé-
decin, transporté à l'hôpital, où il meurt en vrai confesseur de la foi, le 11 juin 1797. M. Deglicourt se retira

également à Meaux en 1792, et exerça son ministère en
cette ville durant la Terreur et sous le Directoire. Le 22
février 1799, il est arrêté avec MM. de Châteaurenaud, vicaire général de Mgr de Polignac, de Dampierre, chanoine,
Sauvé et Debœuffles, sous l'inculpation de « fanatiser les
masses et d'user de livres portant des emblèmes aristocrati-
ques ». Ils sont incarcérés, condamnés à la déportation
et traînés de prison en prison, comme des malfaiteurs, jusqu'à la citadelle d'Oléron, où ils doivent attendre leur
départ pour la Guyane. Le Consulat leur rend la liberté.
M. Deglicourt, nommé en 1803, supérieur du grand séminaire de Meaux, mourut avant d'en avoir achevé la réorganisation, le 1er janvier 1807. Restent donc à tenir au
séminaire MM. Duflos, Pichon et Boudot, et, près d'eux, M.
Guérin, qui logeait au nᵒ 13 de la rue des Postes. Cette
maison paraît même lui avoir appartenu (1). Au nᵒ 30, aujourd'hui 34, se retira aussi et mourut, le 14 novembre 1810,
M. Pichon.

Mort de M.
Pichon. La Revue « Mélanges philosophiques », publiée sous la
direction de Mgr de Boulogne, a consacré à sa mémoire
les lignes suivantes (2) :

« Le clergé de Paris vient de perdre l'un de ses membres
les plus respectables en la personne de M. Pichon, procureur du séminaire du Saint-Esprit. Depuis la destruction
de cette féconde pépinière de missionnaires et d'ecclésiastiques vertueux, il n'avait cessé de donner des preuves de
ce zèle et de cette charité apostolique que l'on puisait en
cette maison. Ni la Terreur, ni les dangers qui l'environ-
naient de toutes parts, à cette époque où la vertu était
plus persécutée que ne le fut jamais le crime, aucune considération personnelle, aucune vue humaine ne purent jamais
l'empêcher de se livrer aux fonctions utiles de son ministère,
au soulagement des malheureux, aux soins que pouvaient réclamer les affligés. Son caractère toujours loyal et digne
des temps antiques, ne se démentit jamais. Il avait, même
dans les conjonctures les plus difficiles, un calme et une

---

1. Là était déjà M. Pichon, depuis 1797. Là semble aussi avoir
habité M. Bertout, à son retour d'Angleterre en 1802, au moins quelque temps.

2. Tom. IX, p. 464.

teinte de gaîté qui ne peut exister que dans une âme
calme et à l'abri de tout reproche. Il est mort en odeur de
sainteté. Tout le peuple de la paroisse Saint-Médard à laquelle il était attaché, a voulu assister à ses funérailles... »

M. Boudot conserva tout le temps sa chambre au séminaire. Il sut se rendre très utile aux religieuses cachées
dans le voisinage et aux prêtres qui exerçaient en secret
leur ministère. Après la Révolution, M. Boudot acquit une
grande considération dans le diocèse de Paris. En 1820, le
cardinal de Talleyrand-Périgord le créa chanoine titulaire ; et
l'année suivante, Mgr de Quélen le choisit pour son vicaire
général et son confesseur. Il mourut le 14 décembre 1838.

V. — LA LIQUIDATION

Les comptes du séminaire remis par M. Pichon aux
mains de M. Baron, juge de paix de la section de la Halle-
aux-blés, à la date du 26 octobre 1792, se soldaient par un
découvert de 9.868 livres 5 sols 10 deniers. Les liqui-
dateurs ayant constaté que ce passif ne provenait pas du
fait d'une mauvaise gestion, mais de l'insuffisance des ressources, le passèrent au compte de la liquidation. Ils liqui-
dèrent la pension de retraite de M. Duflos et de M. Rupalet à
chacun 1.200 livres, celle de M. Pichon à 660 livres, sur la
base de 30 livres par année de profession, et un maximum
de 1.200 livres qu'en aucun cas on ne pouvait dépasser.
Or ,M. Pichon avait 22 ans, les deux autres Directeurs plus
de 40 ans de vie de communauté. Dès l'année 1793, ils furent réduits, les premiers à 1.000 livres, M. Pichon à 500
livres, puis on leur déclara qu'ils ne toucheraient plus
rien, et qu'ils eussent à s'adresser ailleurs. M. Pichon
en effet, recourut à la Convention, moins pour lui que pour
M. Duflos, brisé de vieillesse et d'infirmités. On ne voit pas
qu'il ait obtenu rien de fixe. Il est néanmoins possible
que certains secours lui aient été versés, en raison de son
grand âge et de ses infirmités, et sur les démarches de
M. Pichon ; car l'acte de décès le porte comme pensionné de
l'Etat. Le rapport de Portalis au Premier Consul, en 1802,

note aussi que la pension votée par les Constituants aux Lazaristes leur est continuée.

Aux séminaristes, encore au nombre de 18 en septembre 1792, la Convention servit « un viatique » de 100 livres une fois pour toutes, et encore à une dizaine seulement.

VI. — LES DERNIÈRES ORDINATIONS

La dernière ordination publique et générale qui se fit à Paris, eut lieu aux Quatre Temps de la Trinité 1790, dans l'église Saint-Nicolas du Chardonnet. Le séminaire du Saint-Esprit y envoya un assez grand nombre d'ordinands au sous-diaconat, au diaconat et à la prêtrise, quelques-uns même aux Ordres mineurs. Depuis lors les ordinations devinrent plus rares et ne se firent qu'en secret. Le refus du serment à la Constitution civile du Clergé obligea la plupart des évêques à s'exiler. Parmi ceux qui restèrent cachés en France et firent des ordinations, était Mgr de Lubersac, évêque de Chartres, qui en fit plusieurs, chez les Anglais, rue des Postes, 22, chez les Irlandais, rue du Cheval-Vert, et chez les Dames anglaises, rue des Fossés-Saint-Victor.

Il faut citer aussi Mgr de Bonald, évêque de Clermont, qui les accomplissait dans la chapelle attenant à l'hôtel du cardinal de la Rochefoucauld, rue des Saints-Pères. Le séminaire y envoya encore, à la dernière qui se fit le 21 janvier 1792, jour de la Septuagésime, deux minorés qui reçurent le sous-diaconat. D'autres, sortis minorés du séminaire, furent encore promus jusqu'à la prêtrise, hors de France. Citons M. Péjus, du diocèse de Besançon, et M. Malachard, du diocèse de Saint-Claude.

VII. — LOCATION ET VENTE DU SÉMINAIRE

Les décrets de spoliation des maisons religieuses furent suivis en juillet et août 1792, de décrets de vente des biens séquestrés, voire des cathédrales, églises, chapelles (décret du 19 août 1792). Tous les biens ne furent pas vendus sur-le-champ, et beaucoup ne trouvèrent pas d'acquéreurs. On eut alors recours à leur location, en attendant le moment propice de les vendre. Le séminaire du Saint-Esprit fut mis en location une première fois le 28 juin 1793. Un seul amateur se présenta, par ministère du sieur Choet, homme de loi, 18, rue du Pot-de-Fer, qui offrit la somme de 1.750 liv. Cette offre fut jugée insuffisante par le citoyen Balone, agis-

LE SÉMINAIRE DU SAINT-ESPRIT

sant au nom de la commune de Paris; et de nouvelles enchères furent annoncées qui eurent lieu le 4 juin. Le citoyen Choet renouvela son offre de 1.750 livres; mais, cette fois, il y eut des surenchères, et la location fut adjugée au citoyen Pierre-André Augar, homme de loi, 5, rue Saint-Sauveur, section du Bon Conseil, pour 2.600 livres, avec les charges enregistrées au cahier. L'architecte Radel, en dressant son état des lieux, avait évalué la location à 4.280 livres. Parmi les charges assignées, se lit celle de laisser aux locataires actuels leurs appartements, sauf que le prix des loyers reviendra au citoyen Augar, à partir du 1er juil-

let. Qui étaient ces locataires et avec qui donc avaient-ils
traité des conditions de leurs logements? C'étaient les prêtres du Saint-Esprit, disent les « Notes traditionnelles »
conservées aux archives, et, avec eux, bon nombre de religieuses du quartier. On avait sans doute traité de gré à
gré avec les commissaires de la commune de Paris, section de l'Observatoire, qui se montrèrent tolérants.

A la banqueroute des assignats, le Directoire, pressé par
le besoin d'argent, créa, par la loi du 28 ventôse an IV, une
nouvelle monnaie connue sous le nom de « mandats territo-
riaux » pour la somme de deux milliards quatre cents mil-
lions, et l'on procéda à une nouvelle mise en vente des
biens nationaux. Les « soumissions pour l'acquisition de
la maison conventuelle, église et petit bâtiment neuf (aujour-
d'hui n° 28) attenant à l'église, et dépendances provenant
du séminaire du Saint-Esprit, eurent lieu le 2 thermidor an
IV, 20 juillet 1796, au bureau du domaine national du département de la Seine, rue Montmartre, à Paris, au ci-
devant hôtel d'Uzès, près le vieux boulevard ». Mais ce ne
fut qu'au 14 floréal an V, 2 mai 1797, que se fit l'adjudica-
tion pour la somme de 40.683 livres, en faveur de la ci-
toyenne Marthe Jouan, veuve du citoyen Augar, décédé
depuis sa location de 1793. Il y a lieu de croire que cette
famille Augar, qui avait eu l'un de ses membres dans les
rangs des Eudistes massacrés en septembre 92 (1), agissait
dans ces transactions, d'entente avec les prêtres du Saint-
Esprit. Notons que ce chiffre de 40.683 livres ne représente
pas le dixième de ce que les bâtiments ont coûté. On re-
marque aussi dans l'état des lieux dressé par l'architecte
qu'il ne mentionne pas l'entresol de l'ancien bâtiment de
gauche, c'est donc qu'il n'était pas encore construit. On
l'attribue au locataire qui fit de cette partie des bâtiments
une fabrique de papiers peints. Dans l'autre partie viendra
s'installer l'Ecole normale avec Laharpe et Royer-Collard.
Nous allons voir au paragraphe suivant ce qu'il en fut de
la chapelle.

1. Nous avons relevé son inscription sur les marbres de la crypte
de la chapelle des Carmes : « Augard Andreas, parisinus presbyter,
Capellanus ad altare Beatæ Mariæ in parochia S. Saturnini, vulgo
Gentilly, S. F. P. Doctor Nov. »

VIII. — LA CHAPELLE

Elle figure en ces termes dans l'état des meubles et immeubles fourni par M. Duflos dès 1790 :

« Dans la chapelle, sont quatre autels. L'autel principal est en marbre, les trois autres sont en bois. A l'autel de la Vierge est une vierge en argent de petite dimension ». Cet autel de marbre est celui qui existe encore aujourd'hui, mais la statue en argent, si clairement indiquée, pouvait difficilement échapper à la monnaie.

En janvier 1792, les scellés sont apposés sur la chapelle, la bibliothèque et une salle de la communauté. Ces scellés fermaient sans doute la chapelle aux fidèles du dehors, mais n'empêchaient pas l'usage de l'autel et du lieu saint aux Directeurs et aux séminaristes.

Lors de la location des bâtiments en 1793, des réserves sont formulées au sujet du mobilier de la chapelle et autres ornements. « Le locataire ne pourra prétendre à la jouissance des objets qui ne seraient d'aucune utilité pour la location, comme les grilles de chapelle, église et parloirs, les boiseries d'église, stalles et buffet d'orgue... » Du reste, elle est encore, à cette époque, sous les scellés.

Le 25 brumaire an II, un agent de la voirie dénonce l'existence d'une grosse fleur de lis qui surmonte la girouette de l'horloge : ordre est envoyé sur-le-champ à la police de détruire aux frais du « cy-devant Saint-Esprit », ce monument (le monument, c'est la girouette) de la tyrannie. Mais voici qui est plus grave, l'écusson du roi, ensemble la croix, sont sculptés sur la façade de la chapelle. Il faut vite éraser le tout. De là mémoire du 3 thermidor an II : « Réparations faites pour l'enlèvement et la suppression d'une croix dans le bas-relief au-dessus de la porte d'entrée de l'église, et la table de marbre où était une inscription, total 155 livres, payées à Radel, architecte ».

Après la chute de Robespierre et à la Constitution de de l'an III, on va faire en France, à Paris du moins, un essai du régime de la séparation de l'Eglise et de l'Etat. Dans la section de l'Observatoire, trois églises sont rouvertes :

Saint-Jacques avec quatre prêtres, la chapelle des Eudistes avec cinq prêtres, le séminaire du Saint-Esprit avec dix. Les fidèles et surtout la Révérende Mère Camille de Soyecourt, de l'ancien Carmel de la rue de Grenelle, supportant tous les frais du culte qui, du reste, sont peu élevés. Avec l'autorisation de Rome, elle rachète, en 1797, l'abbaye des Carmes de la rue de Vaugirard, pour y restaurer l'ordre du Carmel. Au Saint-Esprit, les offices sont chantés, les assistants se pressent en foule. On a conservé aux archives du Séminaire un méchant carnet recouvert en parchemin, qui est le registre de fabrique de l'époque. On y lit : Reçu de M. Boudot 100 messes à distribuer aux autres prêtres, 75 livres (l'honoraire était donc à 15 sols).

Payé pour les cierges 21 l. 12 s. 6 d.

Id. Pour eux chantres, trois mois, 6 liv. chaque, 12 liv.

Pour le serpent, 9 livres.

Mais en juin 1797, une recrudescence de l'impiété oblige à fermer la chapelle des Eudistes et celle du Saint-Esprit. Celle-ci ne se rouvrit qu'au Concordat.

IX. — DERNIÈRES ANNÉES ET MORT DE M. DUFLOS

Après avoir passé par tant et de si terribles épreuves, M. Duflos reçut de Dieu la double consolation de voir renaître le culte catholique et briller l'espoir de la résurection de l'œuvre du Saint-Esprit, sous l'action énergique de son neveu M. Bertout. Mais il n'eut pas le bonheur de lire le décret du 2 germinal an XIII, 23 mars 1805, qui rétablissait le Séminaire. Dès le 28 février, M. Bertout lui fermait les yeux en cette maison n° 14 de l'impasse des Vignes qu'il habitait depuis 1797. Il était aveugle et paralysé, privé de monter au saint autel depuis des années, souffrant d'infirmités qui n'avaient d'égale que son inaltérable patience à les supporter saintement.

DEUXIÈME PÉRIODE : DE 1805 à 1848

CHAPITRE Ier.

M. BERTOUT, 6e SUPÉRIEUR GÉNÉRAL

(1805 – 1816 – 1832)

I. — L'HOMME PROVIDENTIEL

M. Jacques-Madeleine Bertout est ce compagnon de naufrage et d'esclavage de M. Deglicourt au pays des Maures,
racheté à Saint-Louis en 1778, professeur de théologie aux
séminaires de Paris et de Meaux, de 1779 à 1792, réfugié
10 ans en Angleterre, où il devient curé dans le Yorhshire,
de 1792 à 1802, parlant et prêchant en un anglais très pur,
ainsi qu'en font foi 12 de ses sermons conservés en nos
archives. Dès que la paix est rendue à l'Eglise de France,
il se sent invinciblement poussé à rentrer à Paris pour faire
revivre sa chère Société et le séminaire du Saint-Esprit.
Il apparaît l'homme de la Providence pour accomplir cette
difficile mission, et il déploie à son service une énergie
peu commune que les obstacles ne briseront pas, une foi
qui élèvera ses vues bien au-dessus des horizons humains,
un dévouement qui ne se démentira jamais.

Son programme de restauration embrasse trois objets :
sa Congrégation, avec le Séminaire de la rue des Postes
pour centre, tout d'abord ; la Religion à faire refleurir dans
les Colonies françaises ; et, pour atteindre ce dernier but, la
formation au Séminaire et l'envoi aux Colonies d'un clergé
qui soit à la hauteur de son auguste ministère. On peut

dire que pour arriver à ses fins, M. Bertout a remué ciel
et terre, Rome et Paris, la Sacrée Congrégation de la Propagande et la Cour de France, Fontana, Consalvi et Portalis, Pie VII et Napoléon, le baron Portal et Louis XVIII...

Le premier secours lui vint de la charité — subsides et
prières — de la Mère Camille de Soyecourt, restauratrice
du Carmel. Elle avait appartenu à cette maison de la rue
de Grenelle que MM. Duflos et Bertout avaient desservie
avant la tourmente; en 1795, elle avait eu une grande part
dans la réouverture de la chapelle du Séminaire au culte
sacré; elle racheta l'ancien monastère des Carmes de la
rue de Vaugirard, sanctifié par le martyre de trois évêques
et de 120 prêtres. « M. Bertout, dit son biographe, est l'un
de ceux qu'elle rappelait le plus souvent en parlant des
prêtres de cette époque, dont les conseils et la piété soutin-
rent son courage et aidèrent ses travaux ».

II. — PREMIER RÉTABLISSEMENT
DE L'ŒUVRE DU SAINT-ESPRIT SOUS L'EMPIRE

Les prem. efforts.   Le Concordat est signé à Paris le 26 messidor an IX
(15 juillet 1801), et promulgué le 18 germinal an X (8 avril
1802), malheureusement additionné d'articles organiques,
dont le 11e dit :

« Les archevêques et évêques pourront, avec l'autorisation du Gouvernement, établir dans leurs diocèses des
chapitres cathédraux et des séminaires — strictement diocé-
sains sans doute. — Tous les autres établissements sont
supprimés ».

En dépit de cette prohibition, l'influence que la France
a toujours exercée à l'étranger par ses missionnaires, et
surtout le besoin de prêtres pour ramener l'ordre dans les
Colonies, portèrent MM. Dubois, de Saint-Lazare, Billières,
des Missions Étrangères, et Bertout, du Saint-Esprit, à tenter le rétablissement de leurs Sociétés.

Jean-Étien. Portalis.   Le 15 vendémiaire an X (7 octobre 1801) un arrêté
crée une administration spéciale pour les Cultes. Un Conseiller d'Etat est nommé pour régler ces questions avec les
Consuls, et ce Conseiller d'Etat est M. Jean-Étienne-Marie

Portalis. C'est à lui que s'adressent les trois Supérieurs. MM. Dubois et Billières semblent avoir devancé M. Bertout. Dans son premier rapport du 16 brumaire an XI, M. Portalis montre au Premier Consul l'Angleterre qui, jusqu'alors, n'avait pas poursuivi un but de prosélytisme religieux à l'étranger, étendant les griffes de son léopard pour saisir, comme une proie, ce patrimoine du Portugal, de l'Espagne et de la France, que ces nations avaient sottement lâché... Et il conclut en demandant au citoyen Premier Consul d'obtempérer à la demande des « citoyens Dubois et Billières ». pour le rétablissement des Missions. Que demandent-ils ? Une maison à Paris pour préparer des missionnaires, le passage sur les vaisseaux de l'Etat pour se rendre à leurs Missions, et le transport gratuit de leurs dépêches...

Le « citoyen Bertout » présenta à la même époque un Mémoire au « Général Premier Consul », en faveur du cy-devant Séminaire du Saint-Esprit, chargé des Missions de la Guyane, du Sénégal et de Saint-Pierre et Miquelon. Bonaparte passe encore ce mémoire à Portalis. Mais telle était la manie de centralisation chez ces deux personnages qu'ils songèrent à fusionner les trois Instituts en un seul Séminaire des Missions Etrangères. Le décret fut signé à Saint-Cloud le 7 prairial an XII. Ce curieux décret ne fut jamais appliqué. Mais l'idée fut reprise, sans plus de succès du reste, par le cardinal Fesch, qui proposa d'établir ce Séminaire à Rome.

Sa Sainteté Pie VII vint alors à Paris pour sacrer l'Empereur (2 décembre 1804). Le Pape séjourna en France du 29 novembre 1804 au 4 avril 1805. Durant cet intervalle, après les cérémonies du sacre, la consécration de divers évêques, la tenue d'un Consistoire dans le palais archiépiscopal de Paris et le baptême à Saint-Cloud du fils de Louis Bonaparte, le futur Napoléon III, le Souverain Pontife, qui avait à cœur de bien consolider la religion en France, fit dresser par un prélat de sa suite, en langue italienne, un mémoire exposant la série de ses postulata. Napoléon remit ce mémoire au cardinal Fesch et à Portalis. Des oppositions surgirent qui parurent irréductibles, notamment pour le retrait, demandé par le Pape, de la déclaration de 1682 et des articles organiques. Pie VII eut la

condescendance de reprendre son travail et de le réduire
à onze articles, et ce second mémoire reçut meilleur accueil. L'article X demandait le rétablissement du Séminaire du Saint-Esprit. Un décret du 2 germinal an XIII,
23 mars 1805, rétablit en effet le Séminaire, lui rend non
pas l'immeuble de la rue des Postes, lequel a été aliéné,
mais la campagne d'Orléans, qui ne l'est pas, et enfin con-
fère à M. Bertout le titre de Supérieur (à régulariser).

Détresse de M. Bertout.   Voilà donc l'œuvre ressuscitée, ou, pour mieux dire, voici
M. Bertout autorisé à recommencer. Mais tout cela ne lui
assurait ni le concours de ses confrères, les uns morts,
les autres en place, ni les fonds indispensables.

Dans sa détresse, il eut recours au cardinal Fesch, avec
l'appui de son vicaire général, M. Jauffret. Le cardinal venait d'être nommé grand aumônier de France, et il avait,
dans ses attributions, « la direction du clergé des Colonies,
et la juridiction sur les établissements consacrés aux Missions ». C'était là, d'après son biographe Mgr Lionnet,
son plus grand sujet de joie. « Nous aurons bien part, di-
sait-il, aux sueurs et aux mérites des hommes de Dieu
qui travaillent tant à étendre le royaume de Jésus-Christ ».
Le cardinal s'entoure d'un « Conseil des Missions », auquel il appelle, à côté de NN. SS. de la Roche, évêque de Versailles, et Dombidau de Crouseilhes, évêque de Quimper,
du vicaire général de la Grande Aumônerie, l'abbé Jauffret,
qui devient évêque de Metz, M. Emery, et les Supérieurs
des trois Congrégations de Missionnaires, MM. Brunet, nommé Supérieur de Saint-Lazare, Billières et Bertout. M. Emery
déclina cet honneur...

Le Cardinal Fesch.   M. Bertout écrivit donc au cardinal Fesch : « Un décret
impérial nous a bien rétablis, il est vrai, mais nous n'avons
ni maison ni aucun moyen de subsistance... » Et il se
recommandait à la charité de l'Empereur. La réponse à
cette supplique fut un billet du secrétaire de la Grande Aumônerie, M. l'abbé Feutrier, qui plongea le solliciteur dans
des anxiétés extrêmes. Le voici : « M. Bertout voudra bien
se souvenir que Son Em. le Cardinal désire avoir les noms
de Messieurs les Missionnaires composant sa Compagnie. On
a l'honneur de lui observer qu'il y a urgence pour cet objet. »

Il y avait encore plus d'embarras que « d'urgence pour
cet objet ». Enfin, après avoir réfléchi et prié, il donna les
noms de ses anciens confrères disposés à se consacrer de
nouveau à l'œuvre, dès qu'on aura les moyens de la reprendre : MM. Gondré, Boudot, Deglicourt, Bourgin, Persent, Maréchal, Fréchon. « Ce dernier seul répondait à l'appel... et encore! »

Le 14 juillet 1806, le cardinal Fesch ouvrit une sous-
cription en faveur des Missions : ce fut un échec. La même
année, Son Eminence autorise M. Bertout à ouvrir un petit
séminaire. Dès l'année précédente, il s'est associé à deux
instituteurs : MM. Bernard et Auger, 33, rue du Cherche-
Midi. La confiance des familles répond à leur appel et, le 8
octobre 1807, M. Bertout peut écrire ces lignes à M. Charles Portalis, qui remplace provisoirement à la direction
des Affaires ecclésiastiques, son père mort en août : « Nous
sommes en pleine activité. Toutes les sciences sont ensei-
gnées chez nous, même la philosophie, que nous commen-
çons cette année. Nous avons un assez bon nombre de
jeunes gens qui se destinent à l'état ecclésiastique, plusieurs aux Missions ».

Par un décret du 4 janvier 1808, M. Bigot de Préame-
neu est nommé Ministre des Cultes. M. Bertout fait, auprès de lui, une nouvelle tentative pour récupérer son
séminaire et obtenir une dotation. Il lui marque que la propriétaire du séminaire est disposée à céder d'autant plus
volontiers que l'immeuble serait rendu à sa destination
primitive. Comme dotation, il demande des biens des Missions sis à la Martinique : le clergé et le gouverneur de
cette Colonie sont favorables à cette affectation. M. le
Ministre adresse des tableaux et questionnaires à remplir:
le temps s'écoule... lorsqu'éclate cette inconcevable boutade
de Napoléon qui, pour se venger de la Bulle d'excommunication lancée par Pie VII contre les envahisseurs de Rome,
supprime le Pouvoir temporel du Pape et retire les autorisations accordées aux trois Congrégations de Missionnaires. Le décret est daté du château de Schœnbrunn, 26 septembre 1809. Nous ne dirons pas la consternation de M.
Bertout. Il continue néanmoins, sans se décourager, son
école de la rue du Cherche-Midi, où il cultive des vocations

pour l'avenir. Notons aussi que, dans l'intervalle, M. Bertout avait étendu sa sollicitude aux Colonies, notamment à la Guyane, à la Martinique et à la Guadeloupe. Il avait fait nommer en cette dernière colonie, par la Propagande, un préfet apostolique en la personne de M. Perrin, et rétablir un autre à Cayenne en la personne de M. Le Grand (1807).

III. — SECOND RÉTABLISSEMENT EN 1816

Le séminaire. Maison de la rue Notre-Dame des Champs.

A la Restauration, une ordonnance du 2 mars 1815 rétablit le séminaire des Missions Etrangères; une autre ordonnance du 3 février 1816 rend celle de 1815 applicable aux maisons de Saint-Lazare et du Saint-Esprit. L'art. 2 réintègre la Congrégation du Saint-Esprit dans son immeuble de la rue des Postes, à la charge de se concerter avec l'Université pour la translation de l'Ecole normale dans un autre édifice. Mais Royer-Collard, en sa qualité de président de la Commission de l'Instruction publique, dénonce l'illéga'ité de l'ordonnance, en s'appuyant sur l'article 13 du Concordat, qui défend « d'inquiéter les propriétaires des biens aliénés ». Une nouvelle ordonnance du 10 octobre annule la disposition visée à l'art. 2; et Royer-Collard passe un bail pour 9 ans avec Mme Augar, propriétaire, au prix de 6.000 livres, du 1er octobre 1817 au 1er octobre 1826. Ce que voyant, M. Bertout loua au n° 15 de la rue de Notre-Dame des Champs, un immeuble assez convenable, avec une gentille chapelle, au prix de 3.300 livres, que le Ministère paya sur les biens du clergé. C'est là que, à dater du 1er juillet 1817, M. Bertout reconstitua son Séminaire.

M. Fourdinier apporte son concours.

Un grand sujet de joie et d'encouragement vint le soutenir en cette difficile entreprise. M. Fourdinier, son neveu, ancien professeur au séminaire d'Arras, vint le seconder. Aux fonctions de professeur, il joignit celles de procureur. Les abbés Corrigan, Chapel et Roy enseignaient les sciences sacrées. Le 18 août 1819, le Séminaire compte 15 élèves, et 18 en 1821, parmi lesquels MM. Warnel, Hardy, Lacombe et Nicole, qui s'attacheront à l'œuvre.

Voilà donc deux points importants acquis à M. Bertout :

Sa *Congrégation* a recouvré la reconnaissance légale par le fait de l'ordonnance du 3 février 1816, alors que le décret de 1805 n'avait autorisé que le *Séminaire*. Ce Séminaire lui-même est repris et fonctionne dans l'immeuble de la rue Notre-Dame des Champs. Mais M. Bertout ne se donnera ni paix ni trève, jusqu'à ce qu'il ait récupéré sa maison de la rue des Postes et assuré une dotation convenable à son œuvre.

IV. — RACHAT DU SÉMINAIRE

Confisqué en 1792, l'immeuble est loué d'abord en 1793 à M. Augar, puis vendu à sa veuve en 1797, qui le loue en 1798 à M. Poichon pour en faire une fabrique de papiers peints, puis à un M. Mac-Dermott, qui le sous-loua pour 4 ans, à dater de mai 1813, à l'Université, à raison de 4.000 francs. On y installa l'Ecole normale avec La Harpe ; puis survint le bail direct avec Mme Augar, pour 9 ans, de 1817 à 1826, à raison de 6.000 francs. Cependant, M. Bertout, qui voulait toujours racheter son « cher séminaire », put intéresser à sa cause deux grands personnages, le duc d'Angoulême et le cardinal de Talleyrand-Périgord, archevêque de Paris (1er octobre 1817, 20 octobre 1821). Ils n'eurent pas de peine à faire comprendre aux Ministres des Cultes et de la Marine, que le Séminaire des Colonies, dans l'immeuble restreint qu'il occupait, ne pouvait répondre aux besoins. Il fallait des bâtiments plus spacieux, mieux appropriés ; il fallait l'ancien Séminaire. Les deux Ministres en convinrent et mirent chacun 45.000 francs à la disposition de M. Bertout. Le digne Supérieur s'abouche aussitôt avec M. Augar fils, qui, selon les vues de ses parents défunts, a fort à cœur de rétrocéder le séminaire à ses anciens propriétaires, et à des conditions modérées. Un sous-seing privé est passé en date du 13 juillet 1819, faisant promesse de vente au sieur Bertout, au nom et au profit de la Congrégation du Saint-Esprit, moyennant le prix principal de 103.000 francs et 3.000 de pot-de-vin. C'était donc 53.000 francs à payer par chaque ministère. Le Mi-

nistre de la Marine, protestant, il est vrai, mais très loyal
et éclairé sur les vrais intérêts de la France à l'étranger,
M. Portal, se montra très conciliant. Mais le Ministre des
Cultes, le soi-disant catholique libéral, M. Decazes, tenait
à ce que l'acquisition se fît au nom et pour le compte de
l'Etat. Gagné par Royer-Collard, M. Decazes songeait à
maintenir l'Ecole normale dans les locaux qu'elle occupait.
Tout opposées étaient les intentions de M. Bertout.

Une ordonnance royale parut le 30 août 1819 pour autoriser l'achat, mais avec cette double clause contradictoire,
que l'achat se ferait au profit de la Congrégation du Saint-
Esprit (considérant et art. 2) et au nom de l'Etat (art. 1er).
Ce que voyant, M. Bertout, à la date du 13 septembre 1819,
signe avec les héritiers Augar un contrat en règle, par devant Mes Boulard et Vienot, notaires à Paris, pour le prix
principal de 103.000 francs. « La vente est faite à la Congrégation du Saint-Esprit, acceptée pour elle par M. Jacques-
Madeleine Bertout, à ce présent, au nom et se portant fort
pour la dite Congrégation, pour laquelle il s'oblige d'obtenir l'autorisation d'acquérir et de faire ratifier les présentes... dans un an; étant bien entendu que l'effet de la garan-
tie ci-dessus contractée serait, dans le cas où l'autorisation
n'aurait pas été fournie dans l'année,... de laisser l'immeuble au compte personnel de M. Bertout, qui en serait, pour
ce cas, *seul propriétaire* ».

C'est M. Fourdinier qui alla présenter cet acte aux deux
Ministres. M. Portal y donna son agrément et pressa même
M. Decazes d'y adhérer sur-le-champ. Celui-ci ne le fit qu'a-
vec la clause restrictive que nous allons voir. Enfin, le 21
décembre, Louis XVIII signa l'ordonnance qu'il faut trans-
crire ici :

« Art. 1er. — L'acquisition faite des héritiers Augar par
l'abbé Bertout, supérieur, et au nom de la Congrégation
des Prêtres du Saint-Esprit, des bâtiments et dépendances
de l'ancien Séminaire de ce nom, sis rue des Postes, 26,
pour être employés au logement de sa Congrégation est et
demeure approuvée.

« Art. 2. — La dite Congrégation étant spécialement
chargée de fournir les prêtres nécessaires au service pa-

roissial dans les Colonies, il lui est accordé, à cette considération, pour l'aider à subvenir à la dépense de l'acquisition ainsi qu'aux frais accessoires de toute nature, y com-
pris ceux de l'établissement de son Séminaire dans la maison dont il s'agit, un secours de cent six mille francs, dont
moitié sera supportée par le département de la Marine, et
moitié par celui de l'Intérieur, sur le disponible actuel des
fonds généraux du clergé ; le tout sous la condition expresse
que, dans le cas où le Séminaire du Saint-Esprit viendrait
à cesser d'exister, par *quelque cause que ce soit*, ou d'occuper
personnellement, pour l'usage auquel il est affecté par les
présentes, les bâtiments dont il s'agit, l'Etat entrera en
toute propriété en possession de l'immeuble ».

M. Bertout protesta sur-le-champ contre cette clause ré-
solutoire, rejetant d'une façon catégorique les mots « pour
quelque cause que ce soit ». Il lui fut répondu que ces mots
n'avaient d'autre sens que celui qu'il y attachait lui-même,
« cessation de l'œuvre par défaut de directeurs ou d'élèves ».

M. Bertout, redevenu propriétaire du Séminaire, travaille
à faire transférer ailleurs l'Ecole normale, dont le bail ne
doit expirer qu'en 1826. Elle est désormais locataire de M.
Bertout. Une ordonnance du 21 février 1821 lui assigne la
Sorbonne. Elle ne bouge pas. Mais voici que sous le ministère de Villèle, avec M. de Frayssinous pour grand Maître de
l'Université, l'Ecole normale s'avise de faire de l'hostilité
au Gouvernement. Louis XVIII n'hésite pas à frapper :
l'Ecole est supprimée par ordonnance du 6 septembre 1822.

Ce n'est toutefois que le 5 décembre que la Congrégation
peut prendre possession des bâtiments du Séminaire.
L'inauguration se fit en grande cérémonie, le 8 décembre,
fête de l'Immaculée-Conception, par Mgr de Quélen, assisté
de M. Boudot, et d'un nombre imposant de prêtres de Paris.
M. Bertout ayant recueilli quelques fonds, racheta aussi
la maison de campagne de Gentilly, et le n° 2 de l'impasse
des Vignes, mais cette fois, sans le concours du Gouvernement, sinon pour autoriser les acquisitions. Ces immeubles appartenaient donc sans conteste à la Congrégation.
M. Bertout institua dans ces maisons de l'impasse des
Vignes un petit séminaire qui reçut l'autorisation de Mgr
de Quélen et du Gouvernement, mais fut aboli en 1830.

V. — LES DOTATIONS

Cependant, les Ministres de la Marine, M. le vicomte du Bouchage, puis M. le baron Portal d'Albarèdes pressaient le Supérieur du Saint-Esprit d'expédier des prêtres aux Colonies. Il en fallait au moins cinquante. M. Bertout répondait en priant les Ministres, puis le Préfet de la Propagande, puis le Saint-Père lui-même, de lui en faciliter le recrutement. Les évêques, dans la pénurie où ils voyaient leurs propres diocèses, refusaient des dimissoires pour les saints Ordres, et surtout des « excats » à leurs sujets pour partir, et les retenaient ainsi dans leurs diocèses. On allait même jusqu'à rappeler les professeurs qui s'étaient attachés à l'œuvre. De Rome et de Paris, on exerça une action qui rencontra plus ou moins de succès. De plus, M. Bertout réclamait toujours le rétablissement des anciennes dotations. La Marine lui paya, dès 1817, le loyer de sa maison de la rue de Notre-Dame des Champs, plus une subvention de 5.000 francs, prélevée sur les fonds du culte, et en 1817, la Marine rétablissait l'allocation de 10.000 francs. Enfin, sous le ministère de Villèle, avec le duc de Clermont-Tonnerre à la Marine, le Gouvernement fit au Séminaire une dotation de 1.200 francs par directeur et 500 par élève, jusqu'à concurrence de 50.000 francs. Ajoutons en 1824, une allocation de 2.000 francs pour réparer la chapelle, puis, de la munificence de Charles X, qui venait de succéder à Louis XVIII, un tableau remarquable représentant la Descente du Saint-Esprit sur les Apôtres, que l'on peut encore admirer dans la chapelle intérieure du Séminaire.

VI. — APPROBATION DES RÈGLES A ROME

A la restauration de la Société et du Séminaire du Saint-Esprit, en 1816, les moyens d'action se trouvent notablement modifiés. Les ressources proviennent non plus des dons de la charité, mais des subsides du Gouvernement; le but, d'ailleurs, n'est plus de fournir des prêtres aux diocèses et aux missions, en général, mais aux Colonies fran-

caises, c'est-à-dire à la Guyane, à la Martinique, à la Guadeloupe, à Saint-Pierre et Miquelon, au Sénégal et à la Réunion, et plus tard, en 1828, aux établissements français
de l'Inde. Ce champ est bien vaste. Et c'est le Gouvernement qui demande des prêtres. De plus, bientôt naîtra la
prétention de sa part de nommer les Préfets apostoliques,
et, pour les gouverneurs locaux, de se substituer aux supérieurs ecclésiastiques dans les nominations des prêtres, leurs
déplacements, leur renvoi en France. Il y avait là toute
une série d'empiétements régaliens auxquels Rome ne pouvait acquiescer.

D'autre part, l'action du Supérieur du Saint-Esprit et de
sa Congrégation devant désormais s'étendre aux Colonies,
soumises à la juridiction de la Propagande, l'Institut ne
pouvait plus, comme dans le principe, dépendre uniquement
ment de l'archevêque de Paris.

C'est dans ces conditions qu'on fut amené, sur les conseils du cardinal Fontana, Préfet (1818-1822), à insérer dans
les Règles un article établissant la dépendance de la Propagande de l'Institut et du séminaire.

Dès lors, le Supérieur avait autorité pour ne permettre à
aucun prêtre de se rendre aux Colonies sans être investi
de pouvoirs réguliers. Et lorsqu'il s'agirait d'un dignitaire,
préfet ou vice-préfet, avant de le présenter à l'agrément
ou à la nomination du pouvoir civil, le Supérieur aurait
bien soin, au préalable, de s'entendre avec le Saint-Siège
pour le choix du sujet et pour les pouvoirs à lui donner.

Et telle était la confiance de la Propagande en M. Bertout,
qu'on en vint à lui remettre des feuilles en blanc tant pour
les Préfets que pour les simples missionnaires : M. Bertout
y inscrivait les noms et en avisait la S. Congrégation. La
prudence du digne Supérieur sauvegardait ainsi les lois
canoniques, en face des prétentions du pouvoir civil, lequel
ne voulait bien souvent voir dans les prêtres que des employés salariés, et dans les préfets de simples chefs de service sous l'entière dépendance de leurs chefs administratifs.
M. Bertout remit donc au cardinal Fontana un exemplaire
des Règles concernant les directeurs, et aussi des règlements
des séminaristes. Le cardinal Consalvi, qui succéda au
cardinal Fontana à la tête de la Propagande, traça à M.

Bertout le texte additionnel aux Statuts, lui demanda de l'accepter et de le faire accepter par ses confrères réunis en chapitre, puis d'en solliciter la sanction, avec l'approbation de l'ensemble des Règles, du Souverain Pontife. Voici la traduction du texte latin :

« Tout ce qui concerne l'exercice des Missions dont la Société est ou sera chargée, ne se fera et ne se traitera désormais qu'avec l'intelligence et l'approbation du Saint-Siège, s'exprimant par l'organe de la S. Congrégation de la Propagande. »

Avec cette addition, et après une dernière réunion des cardinaux, le 12 janvier 1824, sur le rapport de son secrétaire, Mgr Pierre Caprano, archevêque d'Icone, les Règles furent enfin approuvées par un décret du 7 février de la même année. Le cardinal Consalvi n'avait pas eu la joie de terminer cette affaire : Dieu l'avait appelé à Lui en 1824, peu après Sa Sainteté Pie VII, mort le 20 septembre 1823, à l'âge de 83 ans. Le cardinal Annibale della Genga était monté sur la chaire de saint Pierre à la date du 28 suivant, et le cardinal della Somaglia avait remplacé Consalvi en qualité de Préfet de la S. Congrégation de la Propagande : c'est lui qui signa le décret. M. Bertout les avait connus, comme aussi les cardinaux Fontana, Gregorio, di Pietro et plusieurs autres à qui il avait été assez heureux pour rendre certains services fort utiles aux jours mauvais de leur captivité à Fontainebleau et à Vincennes.

VII. — M. BERTOUT ÉLU SUPÉRIEUR GÉNÉRAL.

Chapitre du 16 Juin 1826.

Voilà donc la Congrégation non seulement approuvée à Rome, mais constituée, au moins pour ses missions, sous la dépendance du Saint-Siège apostolique. Mgr de Quélen accueillit favorablement cette restriction de son autorité qui se réduisait à la suprématie spirituelle, ainsi qu'à la visite canonique et à la juridiction disciplinaire. Sous l'empire des statuts ainsi confirmés, on procéda à des élections régulières, en chapitre tenu le 16 juillet 1826. Naturellement, M. Bertout fut élu supérieur, avec M. Fourdinier pour Assistant. Les électeurs furent, outre ces deux dignitaires,

MM. Henry Power, Irlandais qui, en 1830, retourna en
Irlande; Baradère et Soulé, que leur évêque, Mgr de Mey-
rac, de Tarbes, rappela dans son diocèse; Nicole et Hardy.

La nomination de M. Bertout fut accueillie avec bonheur
dans toutes les colonies. La plupart des prêtres y avaient
été envoyés par lui; dans leurs difficultés avec les gouverneurs, il avait été leur intermédiaire auprès du Ministère,
où souvent il dut faire entendre des paroles de fermeté pour
soutenir ses missionnaires; il les avait servis auprès de la
Propagande et leur avait obtenu de Rome bien des pouvoirs
et privilèges utiles à leur ministère; tous le considéraient
comme un véritable supérieur général de toutes les missions coloniales; enfin, par sa bonté de cœur autant que
par ses lumières et son expérience, il était le confident at-
titré et dévoué de tous. Il fut même un moment où la S.
Congrégation de la Propagande songea à se servir encore
de M. Bertout pour procurer de saints et dignes prêtres à
d'autres missions et anciennes colonies, notamment Haïti
et les Etats-Unis. L'infatigable Supérieur ne refusa pas
de s'y employer; mais il ne put donner à ce supplément
de sollicitude qu'une attention secondaire. Et puis, surgirent de nouvelles épreuves qui absorbèrent toutes ses
énergies pour le maintien et la conservation de son œuvre
principale.

VIII. — ÉPREUVES DIVERSES

En 1825, Mgr de Frayssinous et la Commission de réorganisation de l'enseignement ecclésiastique supérieur veu-
lent s'emparer des bâtiments du Séminaire pour y installer
la nouvelle École. Un autre local sera mis à la disposition de M. Bertout. Ce local, du reste, sera moins spacieux; car, au lieu d'un séminaire pour les Colonies, on
aura simplement une sorte de maison de noviciat, où les
prêtres destinés aux Colonies viendront faire une année
de formation. Ces prêtres seront recrutés dans les diocèses,
et quatre bourses seront allouées par le Gouvernement à
chaque séminaire de France pour élever les sujets. M. Bertout se dresse aussitôt contre pareil projet, qu'il démontre

comme attentatoire à sa qualité de propriétaire de l'immeuble et contraire aux Constitutions de sa Société. Il y avait surtout sous ce projet un retour offensif des idées gallicanes. Mgr de Quélen ne s'y prêta pas, et refusa de signer la déclaration du 3 avril 1826, proposée par Mgr de Frayssinous, où l'on adhérait à l'article 1er de 1682, les trois autres restant dans l'ombre. Quatorze archevêques et évêques, alors présents à Paris, avaient donné leurs signatures, et leur exemple avait entraîné la plupart des Prélats de France. Une demi-douzaine, Mgr d'Aviau à leur tête, résistèrent vigoureusement; avec eux était Mgr de Quélen. Le projet de l'Ecole des Hautes-Etudes fut, pour le moment, abandonné, et la résistance de M. Bertout, fidèle aux anciennes traditions du Saint-Esprit, y fut pour une large part. Plus tard, le projet fut repris par Mgr Affre, qui institua la dite Ecole au Carmel de la rue de Vaugirard, d'où la Mère Camille de Soyecourt transféra son monastère à la rue de Saxe.

Une autre crise se produisit en 1829. Enhardis sans doute par les ordonnances de 1828, que Charles X avait eu la faiblesse de signer, deux députés hostiles aux Missionnaires, *Bruits de suppr. des Congrégat.* MM. Pierre Grand et Isambart, présentèrent à la Chambre, le 7 mars 1829, des pétitions ayant pour objet entre autres choses, la suppression des Congrégations des Missions Etrangères, de Saint-Lazare et du Saint-Esprit. La droite s'éleva avec énergie contre ces pétitions, surtout Mgr Feutrier, évêque de Beauvais, ministre des Affaires Ecclésiastiques. L'orateur rappela fort à propos que les trois Congrégations jouissaient de l'existence légale, et prouva que la loi du 2 janvier 1817, loin d'avoir, par rapport à elles, force rétroactive, les revêtait au contraire de la sanction législative, au moins indirectement. Le vote, à une majorité des deux tiers, rejeta les pétitions.

La Révolution de 1830. Aux journées de juillet 1830, après le pillage de l'archevêché, le jeudi 29, dès le lendemain, vendredi 30, des gardes nationaux envahissent le séminaire du Saint-Esprit, enfoncent les portes des chambres de M. Bertout et de M. Fourdinier, forcent le secrétaire et emportent un millier d'écus. Heureusement, parmi les soldats citoyens se trouvaient des gens honnêtes qui firent restituer cet argent à leur propriétaire. Mais rien n'empêcha le Gouvernement de supprimer le petit séminaire de l'impasse des Vignes et l'allocation de la Marine, voire les 5.000 livres des cultes. Le Séminaire fut licencié. Quelques-uns des prêtres de la Congrégation du Saint-Esprit se retirèrent pour se livrer à d'autres travaux. Mais MM. Bertout, Fourdinier et Hardy demeurèrent dans l'établissement, pendant que M. le ministre de la Marine, peu logique, ne cessait de demander au vénéré Supérieur des missionnaires pour les Colonies.

Cependant, après un an de vacances, au mois d'octobre 1831, M. Bertout rouvrit le Séminaire avec un chiffre d'élèves nécessairement réduit, comme l'étaient ses ressources. La S. Congrégation de la Propagande, par l'intermédiaire de son Préfet, Son Em. le cardinal Pedicini, et du nonce, Mgr Garibaldi, lui fit parvenir un secours de 3.000 livres.

Une dernière épreuve était réservée au saint vieillard. En mars 1832, le choléra éclata à Paris, et frappa surtout la garnison. Le maréchal Soult, ministre de la guerre, demanda le séminaire pour succursale, « au moins temporairement », de l'hôpital militaire du Val de Grâce. M. Bertout y consent en toute charité, à la seule condition que M. Fourdinier et lui y conservent leurs chambres. Les élèves sont logés au n° 28 actuel. Leurs cellules sont enlevées pour faire place à des salles, le Ministre s'engageant toujours à tout reconstituer, « quand le fléau aura diminué ses ravages ». Nous verrons le cas que fera de ses promesses le Ministre de la guerre.

IX. — MALADIE ET MORT DE M. BERTOUT

Nous reproduisons quelques lignes de « l'Ami de la religion », nos du 11 décembre 1832 et du 19 janvier 1833. « Des crises sciatiques se répétaient plus longues et plus douloureuses. Le pieux vieillard était d'un calme inaltérable. Toujours occupé de pensées de foi, il parlait à peine de ses douleurs. Jamais de mouvements d'impatience, jamais de nuage sur cette figure si ouverte et si franche. Il reçut plusieurs fois les Sacrements avec de vifs sentiments de piété. Enfin, une dernière crise l'enleva dans la nuit du 9 au 10 décembre, un peu après minuit ».

Les obsèques de M. Bertout eurent lieu dans la chapelle du séminaire. Elles furent présidées par M. Boudol, vicaire général de Mgr de Quélen et ancien confrère du défunt. M. le curé de Saint-Étienne du Mont, qui était alors la paroisse du Séminaire, et un grand nombre d'ecclésiastiques et de laïques, étaient venus rendre les derniers devoirs à un homme qui leur était cher à tant de titres. Son corps repose au cimetière Montparnasse. M. le comte de Rigny, ministre de la marine, et Son Em. le cardinal Pedicini, préfet de la S. Congrégation de la Propagande, tinrent à devancer tout le monde dans l'expression de leurs condoléances. C'est que nuls n'avaient mieux apprécié les services rendus à l'Église et à la France dans ses Colonies, par cet homme chez qui éclataient la sagesse et la loyauté, l'énergie et la prudence, le dévouement et le sacrifice, souvent porté jusqu'à l'héroïsme.

CHAPITRE II

M. AMABLE-JACQUES-CÉLESTIN FOURDINIER.

(7ᵉ Supérieur, 22 décembre 1832 — 5 janvier 1845

I. — ÉLECTION. — REPRISE DES BATIMENTS

La succession de M. Bertout ne pouvait incomber qu'à
M. Fourdinier qui, depuis 15 ans, était son bras droit dans
toute son administration. Il tint néanmoins à procéder
à une élection régulière. C'était chose peu aisée. Il n'avait
avec lui qu'un seul confrère ayant droit de vote, M. Hardy.
Mais il y avait un novice, M. Garandiou. Une dispense est
demandée à l'archevêché pour lui conférer le droit de suf-
frage, et l'on obtient ainsi le « *tres faciunt capitulum* ». M.
Fourdinier est élu, et son élection confirmée par Mgr de
Quélen. Elle eut aussi l'approbation empressée du Ministre
de la Marine, M. le comte de Rigny, et du cardinal Pedicini,
Préfet de la S. Congrégation. de la Propagande.

La situation de l'œuvre du Saint-Esprit était alors des
plus précaires. Plus de subsides de la Marine et des Colonies, ni des Cultes. De là une réduction inévitable dans les
cadres du Séminaire. De plus, les bâtiments étaient toujours
occupés par les militaires, et l'on se montrait peu disposé à
les remettre à leurs légitimes propriétaires. Une lettre du
Ministre de la Marine, datée du 4 janvier 1833, informa
même M. Fourdinier du désir qu'avait son collègue de la
Guerre, M. le maréchal Soult, de conserver l'immeuble,
comme annexe du Val-de-Grâce. Il offrait en échange une
maison de la rue Blanche, ou une autre du quartier de
Picpus. Le 12 février, M. Fourdinier fait savoir que ses
confrères et lui ne pouvaient absolument consentir à l'alié-

nation des bâtiments de leur séminaire, construits par la
Congrégation sur un terrain acquis par elle, et rachetés
après la Révolution par un contrat en règle, passé devant
notaire, rachat autorisé par une ordonnance royale du 21
décembre 1819. Il ne manqua pas de lui rappeler sa lettre
du 8 avril 1832, par laquelle ce ministre promettait formel-
lement d'évacuer la maison et de faire reconstruire les cellules à ses frais, dès la disparition du choléra. Le Ministre
de la guerre persiste et offre de rendre le pavillon de
l'horloge. Fort de son droit, M. Fourdinier réclame le tout,
fait intervenir le Ministre de la Marine, celui des cultes,
M. le comte d'Argout, et celui des Finances. La Guerre
dut céder; mais, au lieu de reconstituer les cellules à ses
frais, le Ministre se contenta de verser 10.000 francs dans
ce but. Le travail en coûta 15.000. On reprit la maison le
3 août 1835, après 3 ans d'occupation.

II. — SUBSIDES DES COLONIES.

Cependant, en dépit de la cessation des subsides de la
Marine, depuis 1830, le Séminaire n'avait cessé d'élever
et d'envoyer des prêtres aux Colonies françaises, sur les
demandes réitérées des ministres de la Marine eux-mêmes.
Il résultait de là, pour le Séminaire, des difficultés financières en face desquelles le Ministre et les Colonies ne
pouvaient se croiser les bras. Aussi, l'amiral Duperré, ministre de la Marine et des Colonies, écrivit-il à ses Gouverneurs pour les inviter à faire voter par leurs Conseils
coloniaux, à qui la loi du 21 avril 1833 venait d'imposer
les dépenses du culte, des subsides « en faveur de l'établissement chargé par la Propagande, comme par le Gouvernement, du soin de pourvoir les Colonies des prêtres
dont elles ont besoin ». De son côté, M. Fourdinier adressa aux Préfets apostoliques une circulaire pour solliciter
les contributions du clergé et des habitants. Les Conseils
de la Martinique et de la Guadeloupe votèrent pénible-
ment deux annuités; il en fut probablement de même du
Conseil de la Guyane. Celui de Bourbon ne fit rien. Le
clergé et les paroissiens se montrèrent plus généreux; et

l'on peut dire que c'est à leur charité que le Séminaire
doit d'avoir pu atteindre l'année 1840, où, par un subside
de 50.000 francs de la Marine, l'ancienne dotation fut réta-
blie et avec avantage; voici par quelles voies providen-
tielles.

III. — QUESTION DE L'ABOLITION DE L'ESCLAVAGE

En 1834, l'Angleterre proclama l'esclavage aboli dans ses
Colonies. La France ne pouvait demeurer en arrière. Aussi,
dès 1835, l'opinion se remue, la presse se lance; et le
10 février 1838, M. Hippolyte Passy, député de l'Eure,
présente à la Chambre une proposition en faveur de l'é-
mancipation partielle et progressive. Le 6 juin 1839, M. de
Torcy, député, va plus loin et réclame l'émancipation totale
et simultanée. M. de Tocqueville, rapporteur de la Commission, se prononce absolument dans ce dernier sens
(24 juillet 1839).

IV. — ESSAIS D'ASSOCIATION DU CLERGÉ COLONIAL

La lettre de l'amiral Duperré, citée plus haut, résumait
clairement les préoccupations de la Propagande et du Gouvernement, aussi bien que des supérieurs ecclésiastiques des
colonies et des directeurs du Séminaire du Saint-Esprit.
On voulut assurer « l'unité de doctrine » ou plutôt d'enseignement religieux, par la création d'un catéchisme adapté
aux besoins des colonies. Il fut mis au concours avec une
médaille d'or de 1.500 francs au plus digne. Peu de travaux furent élaborés, et le concours n'eut pas lieu, sans
doute à cause de l'origine trop laïque de l'idée qui s'écartait
de la compétence du pouvoir civil. Mais M. Fourdinier re-
commanda pour les colonies le catéchisme de M. Pastre,
préfet apostolique de Bourbon de 1821 à 1828, après quelques modifications, et l'approbation de la S.-C. de la Propagande. Cette unité du catéchisme remplaçait avantageuse-
sement la diversité en usage jusqu'alors même dans une

seule colonie, des catéchismes de Paris, Lyon, Rodez. D'autres prêtres, et notamment plus tard le R. P. Le Vavasseur, composèrent des catéchismes en patois créole, pour leur usage personnel.

L'unité de vues, de direction et d'action appelait un travail d'organisation de la plus haute importance dans le *Projet de réunion en corps du clergé colonial.* personnel ecclésiastique lui-même. M. Fourdinier y songeait depuis longtemps. La réunion en congrégation de tous les prêtres des colonies, lui semblait nécessaire au bien. Ces vues étaient partagées par l'épiscopat français, par le Gouvernement lui-même, et surtout par Rome et la Propagande. Le cardinal Franzoni ne ménagea au supérieur du Saint-Esprit ni ses encouragements ni ses conseils. Fort de ces appuis, M. Fourdinier se lance une première fois en 1836, une seconde fois en 1843. En 1836 il adresse au clergé colonial une circulaire imprimée, où il expose son dessein en ces termes : « ... De sérieuses réflexions, jointes à l'expérience, nous ont convaincu que le moyen le plus propre, le moyen nécessaire pour opérer un bien réel et solide, est de former de tous les prêtres qui travaillent dans les colonies, un seul corps. En conséquence, nous avons pensé les réunir à notre Congrégation, etc.... » A cette circulaire était joint un précis de règlement.

L'accueil fait à cette première ouverture fut peu favorable.

Seconde tentative. M. Fourdinier temporisa, sans se décourager. En 1843 il crut les circonstances meilleures et surtout le besoin plus urgent. Il fit imprimer la partie fondamentale et constitutive de la règle, sous ce titre : « Excerpta ex Regulis et constitutionibus Sodalitii sancti Spiritus sub Im. Virginis tutela ». Il y ajoute deux modifications, sous forme de notes. Par la première il introduit dans les fins de la Congrégation l'envoi aux Colonies non seulement de prêtres formés au séminaire, mais encore de ses propres membres. « Nunc Sodalitii est insuper curam gerere missionum coloniarum gallicarum, tum *per Sodales*, tum per sacerdotes ad id munus in suo seminario formatos. » Par la seconde modification, il proposait un adoucissement à la pratique de la pauvreté par l'usage du « pécule ». Ce fut en vain. L'absence de formation préalable, et aussi d'attrait divin, les habitudes prises, l'amour du bien-être, voire certaine fortune acquise, arrêtèrent les anciens. Restait à en faire une condition d'admission pour les nouveaux, et M. Fourdinier y songeait, lorsque Dieu l'appela à lui. Il eut du moins la consolation de fortifier son Institut de l'adjonction de nouveaux membres : tels furent MM. Bertrand, Warnet, Gaultier, Texier, Robert, et le grand historien Rohrbacher, ce dernier au simple titre d'affilié, qui demeura vingt ans au Saint-Esprit, où il érigea le beau monument de son « Histoire universelle de l'Eglise catholique. » Quant à M. Fourdinier, tout comme M. Bertout, Rome et le Gouvernement français et les préfets apostoliques des colonies le considérèrent toujours comme Supérieur général du Séminaire et de la Congrégation du Saint-Esprit, et de plus comme investi d'un mandat spécial d'autorité sur toutes les missions coloniales françaises. Pour donner plus de relief à son autorité, Grégoire XVI le nomma protonotaire apostolique le 30 juillet 1839. Il fit la profession de foi requise lors de ces sortes de nominations, entre les mains du nonce apostolique à Paris, Son Exc. Mgr Antonio Garibaldi.

Sur la proposition de l'amiral Duperré, ministre de la marine et des colonies, fut votée la loi du 10 août 1839, qui allouait une subvention de 650.000 francs, à l'effet de préparer l'abolition de l'esclavage, par un travail de moralisation des noirs, dont le ressort principal était la religion. Des prêtres en plus grand nombre, avec des églises, des chapelles, des catéchismes sur les propriétés sucrières, des écoles avec des Frères et des Sœurs, un « Patronage des Noirs », composé de magistrats et autres notabilités, et puis la répartition du crédit voté, qui devait encore figurer aux budgets suivants, tels sont les moyens mis en œuvre pour préparer l'émancipation. C'est sur ces crédits que le Séminaire obtient l'allocation de 50.000 francs. Son Excellence l'annonçant à M. Fourdinier, s'exprimait ainsi : « Le Séminaire du Saint-Esprit est aujourd'hui la seule Congrégation qui, par le but de son institution, soit en état de former et de fournir aux colonies des ecclésiastiques recommandables non seulement par de bonnes études et des mœurs pures, mais par une vocation marquée, par un zèle soigneusement éclairé sur le régime tout spécial des pays où ils doivent exercer le saint ministère, et enfin par l'unité de doctrine qu'ils doivent tous y professer. C'est donc à vous, Monsieur, que sont remis exclusivement l'instruction, le choix et la direction générale des prêtres appelés à travailler à l'œuvre délicate de la moralisation des noirs dans les colonies ». (Lettre du 22 novembre 1839).

Le 18 juillet 1845, on vota une loi qui étendait aux esclaves le droit de propriété, confirmait le droit de rachat, et rendait obligatoire pour les maîtres le soin de procurer à leurs noirs l'instruction religieuse.

L'affranchissement se fit par un décret du 17 avril 1848.

Première idée de fusion avec la Congr. du St-Cœur de Marie.

Une autre transformation de sa Congrégation fut proposée à M. Fourdinier vers 1841. C'était la fusion, qui devait s'opérer sept ans plus tard, avec la Congrégation naissante du Saint-Cœur de Marie. Le P. Le Vavasseur et M. Pinault, de Saint-Sulpice, au nom du P. Libermann, lui proposèrent un plan soigneusement élaboré, qui devait être utile aux missions coloniales, surtout à l'œuvre des noirs, et à l'un et l'autre Institut qui travaillaient à leur bien. M. Fourdinier ne semble pas avoir assez étudié ce plan, dont certains détails lui parurent au premier coup d'œil des obstacles insurmontables. L'étaient-ils réellement ?

**

Fin de M. Fourdinier.

Brisé par la fatigue, l'excès de travail, la maladie et les épreuves, et peut-être aussi par l'insuccès de ses projets, M. Fourdinier s'éteignit dans les bras de ses confrères, le 5 janvier 1845, et fut inhumé au cimetière Montparnasse. Voici l'inscription que ses collaborateurs ont consacrée à sa mémoire : « Une piété vive, une régularité exemplaire, une constance invincible au milieu de difficultés qui semblaient insurmontables, une grande sagacité, un jugement sûr, joints à un amour infatigable du travail, firent toujours admirer dans M. Fourdinier, le prêtre saint, l'administrateur prudent et habile, le supérieur zélé, sage et éclairé. »

——— ———

CHAPITRE III

M. NICOLAS-JOSEPH WARNET

8ᵉ Supérieur général du Saint-Esprit

(7 janvier — 28 avril 1845)

M. Warnet appartenait au diocèse de Reims. Né le 30 mai 1795, il était dans sa 25ᵉ année lorsqu'il entra, en octobre 1819, au séminaire du Saint-Esprit, alors, avec M. Bertout, rue Notre-Dame-des-Champs. Ordonné prêtre la veille de la Trinité 1823, il est envoyé à Bourbon, où il aborde le 21 août 1824, et est nommé vicaire à Saint-Denis. La capitale de l'île a pour curé à cette époque un ancien Lazariste, M. Collin, prêtre des plus respectables, mais fort âgé, qui laisse à son jeune vicaire tout le soin de la paroisse. M. Warnet en profite pour préparer une splendide cérémonie de première communion où figure le jeune Frédéric Le Vavasseur, dont il continuera à cultiver la vocation. Ils partent l'un et l'autre pour la France, 1829-30. M. Warnet passe à Nantes, à Marseille, à Reims, et entre dans la Congrégation du Saint-Esprit en 1834. A la mort de M. Fourdinier, ses confrères le pressent d'accepter la direction de l'œuvre. Il accepte, avec la condition de se démettre entre les mains de M. Le Guay, vicaire-général de Perpignan à qui l'on a fait appel, mais qui ne peut se rendre à Paris que dans quelques mois. Mgr Affre confirme l'élection le 3 mars, pour lui donner toute sa régularité, et M. Warnet reçoit les félicitations de la Propagande et de M. de Mackau, ministre de la Marine et des Colonies. Le 28 avril 1845, M. Warnet donna par acte authentique sa démission et demeura le premier assistant du nouveau

Supérieur général, M. Le Guay. En 1848, il travailla de tout son pouvoir à la fusion qui le rendait le confrère heureux de son bien-aimé fils spirituel le R. P. Frédéric Le Vavasseur. Plus tard, retiré dans la maison de Langonnet, il publia le « Trésor des Prédicateurs et des Fidèles », 2 vol. grand in-4°. En 1863, sa mauvaise santé le fit partir pour prendre des bains de mer à Saint-Ilan, près de Saint-Brieuc. C'est de là que Dieu l'a appelé à Lui le 30 août. Ses restes mortels reposent dans le modeste cimetière de cette maison.

CHAPITRE IV

M. ALEXANDRE LE GUAY

9ᵉ Supérieur de la Congrégation du Saint-Esprit

(28 avril 1845 — 2 mars 1848)

M. Le Guay, prêtre du diocèse de Bayeux (Calvados), se
livra aux fonctions du saint ministère à Paris de 1832
à 1842; Mgr de Quélen et Mgr Affre lui confièrent, avec
la prédication, la direction des religieuses. C'est dans cet
office que M. Le Guay composa quatre petits ouvrages
ascétiques qui sont justement appréciés : 1º La voie de
la véritable et solide vertu; 2º La voie de la perfection dans
la vie religieuse; 3º La maîtresse des novices éclairée
sur ses devoirs ; 4º La postulante et la novice éclairées
sur leur vocation.

Pendant quatre ans il fut l'hôte du Séminaire, vivant
en tout de la vie des directeurs. Et c'est là ce qui fit songer à lui, à la mort de M. Fourdinier. Il était alors, depuis
trois ans déjà (1842-1845), vicaire général de Perpignan,
et doyen du chapitre. Il fallait consulter son évêque, Mgr
de Saunhac-Belcastel, puis Mgr Affre, et le Nonce, et le
Ministère. Sa nomination rencontra partout bon accueil.
Pendant ce temps, M. Warnet administrait, puis, à la date
du 28 avril, il démissionna, et de nouvelles élections eurent
lieu dès le lendemain 29. MM. Warnet, Gaultier, Texier
et Sainte-Colombe nommèrent à l'unanimité M. Le Guay.
Le 2 mai, Mgr Affre confirme l'élection; le cardinal Franzoni, préfet de la Propagande, l'approuve, ainsi que M. de
Mackau; M. Warnet est nommé premier assistant, M. Gaultier second.

Le nouveau Supérieur reprit aussitôt le plan de réorganisation du Clergé colonial et du Séminaire, élaboré par M. Fourdinier. Peut-être se lança-t-il dans ce travail sans des études assez approfondies de l'histoire et de l'esprit de son Institut. Le cardinal Franzoni dut le mettre en garde contre un grave écueil qui consistait à faire la part trop large au Pouvoir civil dans les affaires religieuses des colonies. D'autre part, il constatait à son grand regret l'insuffisance du Séminaire à fournir les prêtres nécessaires aux sept colonies de la Martinique, de la Guadeloupe, de Cayenne, de Saint-Pierre et Miquelon, du Sénégal, de Bourbon et des comptoirs de l'Inde. En vue de préparer l'émancipation des esclaves, par leur moralisation religieuse, le chiffre des prêtres rétribués par le Ministère avait été élevé de quatre-vingts à cent vingt-six. Toujours pressé par le Ministre de trouver et d'envoyer des prêtres aux colonies, M. Le Guay écrivit aux évêques de France, fit des tournées de recrutement dans les séminaires, publia des articles dans « l'Ami de la Religion », et de fait attira dans l'œuvre bon nombre de sujets d'élite. Mais l'on comprend aussi que bien d'autres n'aient pu être suffisamment éprouvés et préparés : il y eut des oublis regrettables, qui bien qu'isolés, ne laissèrent pas de rejaillir sur l'ensemble de l'œuvre coloniale. Plus que jamais on parla de « réorganisation du clergé colonial ». Le service religieux dans les Colonies ne peut être confié qu'à une Congrégation religieuse, disaient les uns, et ils proposaient tantôt la Congrégation des Lazaristes, tantôt celle du Saint-Cœur de Marie, encore à son berceau avec les Pères Libermann et Le Vavasseur. D'autres voulaient que l'on constituât des évêchés, en les faisant tous dépendre de l'archevêché de Paris, ou de tout autre siège métropolitain. D'aucuns se seraient contentés de Vicaires apostoliques avec des règles disciplinaires plus étroites, et l'extension d'une autorité qui avait trop fait défaut aux préfets apostoliques dans leurs rapports avec les gouverneurs locaux. M. Le Guay crut pouvoir satisfaire à tous les besoins, au moyen d'une reconstitution, sur des bases nouvelles, de la Congrégation du Saint-Esprit et du Séminaire colonial.

Sous la date du 7 mars 1846, il adresse une circulaire

aux prêtres des Colonies françaises, les invitant à s'adjoin-
dre purement et simplement à la Congrégation du Saint-
Esprit. « Certaines modifications aux règles leur en faci-
literont l'entrée. La Maison-Mère ne demande pas à bénéficier des réserves temporelles : elles seront affectées aux
besoins de chaque mission. Ce que l'on se propose uniquement, c'est de travailler ensemble au bien spirituel des
âmes. » A cet appel, un certain nombre de prêtres pieux et
zélés, envoyèrent leur adhésion; citons MM. Monnet, Her-
sent, Richard, Ducloux, Lucienne, Hervé, Orinel, Bonvalet,
Carbet. — D'autres, en bon nombre aussi, tout en montrant
de bonnes dispositions, réservèrent leur adhésion jusqu'au
jour où Rome aurait tout approuvé. Les autres trouvèrent
sans doute qu'on leur demandait un sacrifice trop lourd
et peut-être aussi trop tardif. En même temps, M. Le Guay
obtient de Rome, par un rescrit du 29 août 1847, des dis-
penses pour la reconstitution de son Conseil, l'admission
des membres, etc., en dehors des conditions prescrites par
les règles de 1734. Ces règles, il les revise avec son Conseil, et en prépare une nouvelle édition qui sera sou-
mise à l'approbation de Rome. Douze modifications sont
proposées; nous n'en signalerons que trois : la première
concerne la fin de la Congrégation, qui sera ce qu'elle
est de fait depuis 1816, « le service spirituel tout entier
et exclusif des colonies françaises. » (art. 1).

L'art. 4 établit deux catégories d'associés, ceux du premier ordre avec des liens plus étroits, au temporel et
au spirituel, ceux du deuxième ordre qui n'auraient que
des liens spirituels.

Art. 8. La Congrégation étant exclusivement apostolique,
la confirmation de l'élection du Supérieur général ne sera
plus demandée à l'Archevêque de Paris, mais au Saint-
Siège, par l'intermédiaire de la Sacrée Congrégation de
la Propagande.

Le 14 décembre 1847, le Conseil délégua M. Lœwen-
bruck, avec le titre d'assistant, pour aller à Rome y faire
approuver les nouvelles règles. Il y arrivait le 21, et se
voyait l'objet de l'accueil le plus bienveillant, notamment
de la part du cardinal Fransoni, préfet de la Sacrée Congrégation de la Propagande, et de Mgr Barnabo, pro-secrétaire,

puis les cardinaux Mezzofanti et Maï. Le projet fut étudié. Chaque article fut l'objet d'explications, puis épluché, modifié... Enfin, après deux mois de travaux assidus, se tint la réunion générale de la Commission des Cardinaux : elle donna son approbation, que Sa Sainteté Pie IX sanctionna le 11 mars 1848. Le P. Lœwenbruck eut l'honneur d'une audience du Saint-Père et rentra en France.

Hélas! A la date du 11 mars, où le cardinal Fransoni adressait le décret d'approbation à M. Le Guay, ce dernier n'était plus supérieur. Le 21 février 1848, la République était proclamée en France, l'esclavage aboli dans les colonies, M. Arago nommé à la marine, avec le négrophile Schœlcher à la direction des colonies. C'était un ennemi de M. Le Guay, que l'on supposait antiabolitioniste. Il lui rendit la situation impossible, tantôt en rappelant les préfets apostoliques que M. Le Guay avait nommés, pour y renvoyer ceux qu'il en avait rappelés, tantôt en menaçant de charger de l'œuvre coloniale une autre Congrégation. M. Le Guay voyant qu'il n'y pourrait tenir, fit accepter sa démission du Conseil à la date du 2 mars. « On s'accorda à faire appel à M. Monnet, qui rentrait de Bourbon avec la réputation d'être dévoué aux noirs, très populaire par conséquent en face du nouvel ordre de choses. »

Quant à M. Le Guay, il se retira en son pays de Crève-Cœur-en-Auge (Calvados), où il donna l'exemple d'une vie et d'une mort des plus édifiantes. Il s'éteignit dans le Seigneur le 27 février 1865.

CHAPITRE V

M. MONNET

10ᵉ Supérieur de la Congrégation du Saint-Esprit

(2 mars — 22 novembre 1848)

Alexandre-Hippolyte Xavier Monnet naquit le 4 janvier 1812, à Mouchin près Lille. Ordonné prêtre à Cambrai en 1837, il exerça d'abord le saint ministère dans son diocèse, et vint au commencement de 1840 au Séminaire du Saint-Esprit pour se préparer aux missions coloniales. M. Fourdinier ne tarda pas à lui donner des lettres de missionnaire apostolique pour l'île Bourbon, où il aborda le 9 juin de la même année. Nommé vicaire à Saint-Denis, il se fait tout à tous et se dépense pour les blancs et pour les noirs, pour ces derniers surtout. Pour eux il établit la messe de quatre heures du matin, et les catéchismes avec chants des cantiques et saluts du Très Saint-Sacrement à huit heures du soir. Outre ce premier centre de son œuvre dans la cathédrale même de Saint-Denis, il en fonde un autre à la campagne, sur les terres des familles des Bassyns et de Villèle, à la Rivière des Pluies. Là, avec le concours de ses noirs, et au moyen des aumônes qu'il va quêter chez les habitants, puis à l'aide d'un subside du Gouvernement, prélevé sur le « fonds de moralisation », il bâtit une église en pierres, vaste et solide, dédiée à saint François-Xavier. Les catéchismes se multiplièrent, suivis de baptêmes d'adultes, de mariages et de premières communions, en tel nombre que M. Monnet fut décoré du titre de « Père des Noirs »; il le fut aussi, en 1845, de la croix de la Légion d'Honneur, « le Gouvernement, lui écrivait l'amiral de Mackau, ministre de la Marine, voulant ainsi reconreconnaître les services rendus à la cause de la moralisation chrétienne des esclaves. » Puis auparavant, en 1843, M. Poncelet l'avait nommé à la cure de Saint-Paul, où il renouvelait les mêmes merveilles de salut auprès des noirs. Il avait remis ses œuvres de Saint-Denis et de la Rivière des Pluies aux mains du Père Frédéric Le Vavasseur, qui, arrivé à Bourbon depuis 1842, remplissait le même genre d'apostolat, à la Rivière Saint-Jean, à Sainte-Suzanne et au Quartier-Français. Un renfort de deux confrères de sa Congrégation du Saint-Cœur de Marie, les Pères Collin et Blampain, permit au P. Le Vavasseur d'étendre l'œuvre des noirs en ville et sur les habitations.

M. Monnet à Madagascar.

En 1845, M. Monnet, en la compagnie des Pères Cotain et Déniau, S. J., fit au sud-est de Madagascar un premier essai de mission qui échoua. A son retour à Bourbon il fit avec le même insuccès un essai de noviciat à « la Ressource », résidence de la Compagnie de Jésus. En 1846, il se rend à Rome avec Mgr Poncelet, préfet apostolique de Bourbon. Dans une audience de Pie IX, le Saint-Père,

A Paris et à Rome.

frappant aimablement l'épaule de M. Monnet, lui dit : « Eh bien! cher fils, il faut retourner à Bourbon avec Mgr Poncelet, vous serez son vice-préfet... » Avant de quitter Paris, il est reçu membre de la Congrégation du Saint-Esprit, le 2 juin 1847. Il s'embarqua au Havre le 20 du même mois et arrive à Bourbon le 12 septembre. Mais quelle n'est pas sa stupéfaction de se voir accueilli par des cris de mort : « A bas Monnet! » « Monnet à l'eau! » C'est une émeute en règle suscitée par le clan des antiabolitionistes, qui accusaient le « Père des noirs » de prôner je ne sais quelle émancipation de leurs esclaves, immédiate et sans indemnité. Rien n'était plus faux. Il avait toujours prêché une juste indemnité; mais il avait aussi stigmatisé deux abus que la religion condamne; les corvées du dimanche dans les habitations, et l'opposition de certains maîtres à l'instruction religieuse et au mariage de leurs esclaves.

Assailli à Bourbon et reconnu magne pour la France.

M. Monnet put à grand'peine gagner le presbytère, où il fut quatre jours assailli de pierres et assiégé. Enfin la troupe se vit obligée de charger les émeutiers, et il y eut des blessés. Le Gouverneur Graëb eut la faiblesse de condescendre aux exigences de la foule. M. Monnet fut consigné à l'hôpital, et embarqué le 25 septembre, sur le *Pionnier*, navire marchand qui ne toucha Nantes que vers le 1ᵉʳ janvier 1848.

M. Monnet sup. gén.

M. Monnet arrivait en France au moment providentiel pour la Congrégation du Saint-Esprit. Son amour des noirs, qui le faisait chasser de Bourbon, le recommandait aux émancipateurs officiels de 1848. C'est ce que comprirent M. Le Guay et ses conseillers lorsqu'ils députèrent au sein de sa famille, où il prenait un repos nécessaire, le P. Gaultier, pour lui demander son adhésion à l'élection dont il était l'objet, en qualité de Supérieur général.

« Considérant, disait le Conseil, que M. Monnet, du diocèse de Cambrai, membre de la Congrégation du Saint-Esprit, vice-préfet de Bourbon, chanoine honoraire, chevalier de la Légion d'honneur, connaît parfaitement les Colonies, auxquelles il a donné de nombreuses marques de dévouement, surtout en ce qui concerne la moralisation des noirs ; considérant que ce dévouement, joint à son mérite et à ses vertus, lui a attiré l'estime des dites Colonies, du Gouvernement français et de la Propagande, le Conseil le nomme Supérieur de la Congrégation du Saint-Esprit. » Ont signé : Le Guay, Gaulthier, Hardy, Warnet, Vidal (2 mars 1848).

Six semaines après, M. Le Guay se retirait, et M. Lœwenbruck le remplaçait comme premier assistant, M. Gaultier devenait deuxième assistant. La nomination de M. Monnet fut approuvée de la Propagande, et aussi du Ministère de la Marine, où cependant elle ne laissa pas de gêner quelque peu l'ultra démocrate qu'était Schœlcher, que la réputation acquise et l'énergie de caractère du nouvel élu allaient tenir en respect. Lorsque ce secrétaire d'Etat aux Colonies voulut lui imposer la nomination de M. Castelli pour préfet apostolique de la Martinique, et de M. Dugoujon pour la Guadeloupe, M. Monnet s'y refusa. Néanmoins, Rome ayant cru devoir, en raison des circonstances, accepter et ratifier ces choix, M. Monnet ne songea plus à récriminer. Il avait proposé à la Propagande de nommer M. Weber, vicaire apostolique de Madagascar, en remplacement de Mgr Dalmond, décédé à l'hôpital de Sainte-

M. Schœlcher.

Marie le 22 septembre 1847. Il lui manifesta également le désir de voir nommer M. Vidal vicaire apostolique du Sénégal, et M. Dossat préfet apostolique de la Guyane française. M. Weber fut nommé pro-vicaire apostolique de la grande île de Madagascar avec les petites îles ; M. Dossat fut bien nommé préfet de la Guyane, et M. Vidal préfet et non vicaire apostolique du Sénégal.

Dès le mois d'avril, le ministre recommandait de réduire le personnel du Séminaire du Saint-Esprit, dans l'unique but de faire des économies. Et de fait, à partir du 1ᵉʳ janvier 1849, l'allocation de 50.000 francs fut réduite à 29.000. M. Monnet écrivit encore au cardinal Fransoni, au sujet de l'envoi des prêtres du Séminaire du Saint-Esprit en Haïti et aux États-Unis. Mgr Purcell, évêque de Cincinnati, insistait particulièrement pour obtenir ce concours. Dans sa réponse, le Cardinal Préfet invite à différer l'exécution de ces desseins. C'est qu'en effet, à Rome et à Paris, s'établissaient déjà les préliminaires d'une convention de la plus haute importance qui allait modifier notablement les conditions de vie et d'apostolat de la Congrégation du Saint-Esprit ; nous voulons parler de sa fusion avec la Congrégation du Saint-Cœur de Marie, qui a été l'œuvre capitale de M. Monnet.

La Fusion. Nous avons vu que les propositions faites par le P. Fr. Le Vavasseur à M. Fourdinier en 1839, renouvelées plus tard par M. Pinault, pour fusionner l'œuvre naissante du Saint-Cœur de Marie dans l'ancienne Congrégation du Saint-Esprit, n'avaient pu aboutir. A la mort de M. Fourdinier, M. Warnet, l'ami du P. Le Vavasseur, eût été heureux de reprendre les négociations. Tel n'était pas l'avis de ses confrères du Conseil. Ne faudrait-il pas voir dans cette divergence de vues la cause principale de la démission de M. Warnet, et de l'appel de M. Le Guay à le remplacer ? Quoi qu'il en soit, ce dernier ne vit pas d'un bon œil les missionnaires du Saint-Cœur de Marie s'établir au Sénégal, et prendre des mains de M. Monnet l'œuvre des noirs à Bourbon. On ne pouvait songer à lui parler de fusionnement.

Mais avec M. Monnet, les espérances renaissent. Il était le « Père des noirs, l'ami des « missionnaires du Saint-

Cœur » de Bourbon, le correspondant intime du vénérable
Père Libermann. Dès la première ouverture que lui en fait
celui-ci, en mai 1848, M. Monnet lui envoie à Notre-Dame
du Gard son premier assistant le P. Lœwenbruck, nouvellement arrivé de Rome, qui va être l'homme de la Providence
dans ces difficiles et importantes négociations. C'est lui qui
étudie avec le vénérable Libermann, dans des entretiens
qui durèrent toute une semaine à Notre-Dame du Gard,
les bases d'une solide entente. Puis ils viennent ensemble
à Paris soumettre à M. Monnet le résultat de leurs travaux.
Après une réunion tenue le 10 juin, veille de la Pentecôte,
la fusion est décidée en principe; et M. Monnet peut écrire
dès le lendemain au grand jour de la fête, à son ami le
P. Le Vavasseur, qui est toujours à Bourbon : « Cher et digne
ami, c'en est fait, désormais nous n'aurons plus qu'un cœur
et une âme, comme nous ne formons plus qu'une seule
Congrégation. » C'est encore M. Lœwenbruck qui, investi
des pouvoirs des deux Supérieurs, est député à Rome pour
tout régler et faire approuver par le cardinal Fransoui,
Préfet, et Mgr Barnabo, secrétaire de la Sacrée Congrégation de la Propagande.

Arrivé à Rome le 12 juillet 1848, il fut reçu à la Sacrée
Congrégation de la Propagande dès le lendemain; il mit
sous les yeux du secrétaire, tous les documents et renseigne-
ments destinés à l'éclairer, et ne sortit qu'après avoir reçu
les plus chaleureux encouragements, qu'il s'empressa de
transmettre à Paris. Cinq membres de chaque congrégation
se réunirent le 24 août au séminaire du Saint-Esprit, et
signèrent les bases et conditions de la fusion, telles que
voici :

1º La Congrégation restera consacrée au Saint-Esprit sous
l'invocation du Saint et Immaculé Cœur de Marie.

2º Les règles du Saint-Esprit, approuvées par la Sacrée
Congrégation de la Propagande, seront conservées, sauf
les modifications touchant la pauvreté.

3º L'admission des membres du second ordre sera suspen-
due jusqu'à nouvelle décision de la Propagande. (Il n'en
fut plus question).

4º Copie de cet accord sera envoyée aux membres de

chaque Congrégation qui désormais se regarderont comme frères, et s'aimeront comme tels.

5° Il sera statué ultérieurement sur les points non prévus au moyen de règlements approuvés par la majorité.

Cet acte porte la signature de MM. Monnet, Warnet, Gaultier, Hardy, Vidal, pour le Saint-Esprit; Libermann, Briot, Boulanger, François, Ignace Schwindenhammer, pour le Saint-Cœur de Marie.

Le projet de fusion fut soumis aux cardinaux de la Sacrée Congrégation de la Propagande, en leur séance du 4 septembre 1848. Le 26, l'approbation était accordée à tout ce qui avait été préparé et demandé.

M. Monnet ayant résigné ses fonctions de supérieur, le 23 novembre, M. Libermann fut élu à l'unanimité des suffrages, moins le sien. Ont signé : MM. Monnet, Warnet, Gaultier, Hardy, Ignace Schwindenhammer, Lannurien, Boulanger, Briot, Baud et François. M. Lœwenbruck était encore à Rome, et M. Vidal était parti prendre possession de sa préfecture apostolique du Sénégal.

Mgr Monnet vic. ap. de Madagascar. Le 3 octobre 1848, M. Monnet était nommé vicaire apostolique de Madagascar, et évêque titulaire de Pella. Le sacre se fit en grande solennité, le 5 novembre, dans la chapelle du Séminaire du Saint-Esprit. L'évêque consécrateur fut Son Em. le cardinal Giraud, archevêque de Cambrai, assisté de Mgr Graverand, évêque de Quimper, et de Mgr Parisis, évêque de Langres, l'un et l'autre députés à la Constituante. Différentes affaires le retenant encore en France, le vénéré prélat ne put s'embarquer que le 7 juin 1849, à Cherbourg, sur le *Chandernagor*. Le navire ayant touché à Gorée, Mgr Monnet eut ainsi l'heureuse occasion d'aller fraterniser avec Mgr Kobès et les autres confrères à Dakar. Le 19 octobre l'on se trouva en rade de Saint-Denis. Par l'accueil le plus empressé que lui fit la Colonie, Bourbon voulait réparer les fautes ou les erreurs de 1847. Mgr Monnet visita avec bonheur sa chère Rivière des Pluies, ses bons noirs et l'excellente famille Desbassyns et de Villèle. Le 19, il reprit la mer avec deux Pères Jésuites. Le 1ᵉʳ décembre, on débarque à Mayotte. Là, il est saisi d'un terrible accès de fièvre qui ne lui permet qu'une visite rapide au Commandant, pour aller sur-le-champ s'aliter à l'hôpital. Il était midi. A quatre heures, l'évêque de Pella, vicaire apostolique de Madagascar, rendait le dernier soupir, en recevant une dernière absolution. Le groupe de missionnaires qui l'accompagnaient présidèrent le lendemain à ses funérailles, au sein de la consternation universelle. Huit ans après, le 3 décembre 1856, Mgr Desprez, évêque de Saint-Denis de La Réunion, fit relever et transporter à la Rivière des Pluies, au milieu d'un concours immense des blancs et des affranchis, les dépouilles mortelles de celui qui n'avait cessé d'être au ciel, comme sur la terre, « le Père des Noirs ».

TABLE DES MATIÈRES

CHAPITRE IV.

CHAPITRE V.

DEUXIÈME PÉRIODE DE 1805 à 1848

CHAPITRE Iᵉʳ.

CHAPITRE II.

CHAPITRE III.

CHAPITRE IV.

CHAPITRE V.

IMPRIMÉ PAR DESCLÉE, DE BROUWER ET Cie

41, RUE DU METZ, LILLE.

9 782329 735252